Eckart Reinmuth / Klaus-Michael Bull

Proseminar Neues Testament

Texte lesen, fragen lernen

Neukirchener

© 2006
Neukirchener Verlag
Verlagsgesellschaft des Erziehungsvereins mbH, Neukirchen-Vluyn
Alle Rechte vorbehalten
Umschlaggestaltung: Hartmut Namislow
Umschlagabbildung: © MEV
Satz und Druckvorlage: Klaus-Michael Bull
Gesamtherstellung: AZ Druck und Datentechnik GmbH, Kempten
Printed in Germany
ISBN 10: 3–7887–2085–9
ISBN 13: 978–3–7887–2085–8

Bibliographische Information der Deutschen Nationalbibliothek

Die Deutsche Nationalbibliothek verzeichnet diese Publikation in der Deutschen Nationalbibliographie; detaillierte bibliographische Daten sind im Internet über http://dnb.d-nb.de abrufbar.

Vorwort

Das Neue Testament spielt nicht nur gegenwärtig eine unersetzbare Rolle in unserer Gesellschaft. Auch künftig wird es darum gehen, dieses grundlegende Buch unserer Kultur zu kennen, zu verstehen und zu interpretieren. Dazu werden Fachleute gebraucht, die in ihren Berufsfeldern zur selbständigen Interpretationsarbeit fähig sind und das Verständnis des Neuen Testaments fördern.

Dieses Proseminar soll über elementare Voraussetzungen der Interpretation neutestamentlicher Texte informieren. Es ist zur Begleitung entsprechender Lehrveranstaltungen gedacht, aber auch zur selbständigen Lektüre geeignet. Besonderen Wert legen wir auf die Stärkung der Selbständigkeit exegetischen Arbeitens. Alle Arbeitsschritte wurden mit Vorschlägen zur weiter führenden Lektüre, aber auch mit Beispielen und einfachen Aufgaben versehen. Diese Aufgaben sind exemplarisch gemeint; sie sind Bausteine, die modifiziert und ergänzt oder ihrerseits als Beispiele im Unterricht verwendet werden können.

Unser Proseminar zielt auf den Beginn des religionspädagogischen oder theologischen Studiums, orientiert sich in Anlage und Methodenauswahl aber bereits an den Anforderungen späterer Berufspraxis. Es bietet ein ausbaufähiges Grundgerüst, das auf die Erweiterung durch eigene Studien angelegt ist.

Das Recht und die Lust eigenen Fragens haben für uns Vorrang. Wissenschaftliche Methodik erschließt sich so am besten. Sie erschließt sich, wenn die Fragen der Texte im Vordergrund stehen. Sie sind der Ausgangspunkt unserer Überlegungen. Methoden gehen von Erfahrungen aus, verallgemeinern sie und wandeln sie zu regulären Vorgehensweisen um. Das gilt auch für die Arbeit an den Texten des Neuen Testaments.

Das Proseminar soll zur Verantwortung für die eigene Auslegung dieser Texte befähigen. Jede Interpretation ist eine kleine Antwort auf die Frage, wie das Neue Testament heute kommuniziert werden kann und was das für die Kommunikation unserer Wirklichkeit bedeuten könnte.

Die Idee zu diesem Büchlein entstand, als wir uns fragten, wie die Fragen gegenwärtiger Verstehensbedingungen schon am Beginn des Studiums berücksichtigt werden können. Von Eckart Reinmuth stammen die Abschnitte 1 und 2 sowie 5.2 – 8, Klaus-Michael Bull verfasste die Abschnitte 3, 4 und 5.1.

Wir danken dem Neukirchener Verlag, besonders Herrn Dr. Hampel, für die bewährte gute Zusammenarbeit.

Rostock, im August 2006

Eckart Reinmuth   Klaus-Michael Bull

Inhalt

1. Einführung

Wir sind nicht die ursprünglichen Adressaten der neutestamentlichen Texte. Dennoch beschäftigen auch wir uns mit ihnen, beziehen uns auf sie, machen ihre Auslegung gar zu unserem Beruf. Gleichgültig, ob wir von diesen antiken Texten fasziniert sind, ob sie für uns orientierende und lebensbegründende Funktion haben oder ob wir sie als religiöse, historische oder kulturelle Phänomene verstehen wollen – die unterschiedlichsten Motivationen haben ihren gemeinsamen Nenner im Interesse an diesen Schriften. Es ist die wichtigste Bedingung für ihre Interpretation.

Wir verwenden das Stichwort „Interpretation" für die Hauptaufgabe, der unser wissenschaftlich-exegetisches Arbeiten dienen soll. Sicher lassen sich auch andere Begriffe für die Analyse und Auslegung von Texten verwenden. Entscheidend ist, dass die Aufgabenstellung, in die das Proseminar einführen soll, in ihrer gesellschaftlichen Rolle reflektiert und verantwortet werden kann.

Gesellschaften leben mit Orientierungen und Werten, die in Auseinandersetzung mit ihren Traditionen gewonnen werden. Diese gesellschaftliche Praxis hat ihren Ort in der Kultur. Die wissenschaftlichen Disziplinen, die diesen Prozess begleiten und reflektieren, werden heute mit dem Begriff „Kulturwissenschaften" bezeichnet. Sie zeichnen sich durch verschiedene Kompetenzen aus. Sie haben die Aufgabe, Traditionen zu sichten, weiterzugeben und in gesellschaftliche Wirklichkeit zu übertragen. Die Übertragungskompetenz einer Gesellschaft, die von den Kulturwissenschaften unterstützt wird, spielt eine entscheidende Rolle für gelingende Kommunikation von Erfahrungen, Wissensbeständen und Bedeutungen.

Die Interpretation von Texten gehört zu den zentralen kulturwissenschaftlichen Tätigkeiten. Auch die Interpretationsarbeit an den Texten des Neuen Testaments ist in methodischer Hinsicht im kulturwissenschaftlichen Kontext zu verorten. Es handelt sich dabei um ein methodisch gesichertes Verfahren der Analyse und Auslegung. Für unser Proseminar ergibt sich die Forderung, dass keine Exegese, keine Proseminararbeit isoliert verstanden werden darf. Auch die Anfertigung einer Arbeit im Proseminar muss dem Anspruch wissenschaftlicher Kommunikationsfähigkeit genügen. Sie sollte überdies schlüssig, nachvollziehbar und begründet sein. Originalität ist in einer Proseminararbeit schwer zu erreichen. Umso wichtiger ist die selbständige Auseinandersetzung mit der Sekundärliteratur. Sie ermöglicht die klare Begründung und Profilierung einer eigenen Position.

An erster Stelle steht jedoch die konkrete Arbeit mit dem Text und die Benutzung elementarer Hilfsmittel wie Übersetzungen, Wörterbücher, Lexika und Konkordanzen.[1] Hier sind die meisten Entdeckungen zu machen und die besten Argumente zu finden.

Zunächst wird es darum gehen, uns die entscheidende Bezugsgröße unserer Arbeit, die Textualität (Texthaftigkeit) des Neuen Testaments, zu vergegenwärtigen. Das bedeutet, dass zunächst nicht historische, sondern literaturtheoretische Fragen der Ausgangspunkt unserer exegetischen Arbeit sind. Die Interpretation neutestamentlicher Texte setzt ein literaturtheoretisch fundiertes Textverständnis voraus.

Literatur:
U. Schnelle, Art. Exegese IV. Biblisch 2. Neues Testament, RGG⁴ 2 (1999), 1783-1786
I.U. Dalferth, Evangelische Theologie als Interpretationspraxis. Eine systematische Orientierung, ThLZ.F 11/12, Leipzig 2004
M. Frenschkowski, Literaturführer Theologie und Religionswissenschaft, UTB 2405, Paderborn u.a. 2003 (8. Neues Testament: 186-224)
A. Grözinger, Die Sprache des Menschen. Ein Handbuch. Grundwissen für Theologinnen und Theologen, München 1991
P. Müller, H. Dierk, A. Müller-Friese, Verstehen lernen. Ein Arbeitsbuch zur Hermeneutik, Stuttgart 2005
A. Nünning (Hrsg.), Metzlers Lexikon Literatur- und Kulturtheorie. Ansätze, Personen, Grundbegriffe (MLLK), Stuttgart u.a. ³2004

---

[1] S. dazu den im Literaturverzeichnis genannten Literaturführer von M. Frenschkowski.

2. Was ist ein Text?

Der Begriff „Text" umfasst sprachliche Äußerungen, die als sinnvolle Einheit betrachtet werden können. Im Zentrum unserer Arbeit stehen schriftliche Texte.[1] Die Einheit eines Textes wird durch das Zusammenspiel von Strukturen und Elementen gebildet. Auf dieses Zusammenspiel kommt es an. Erst wenn ein Text gelesen wird, kann er verstanden werden und zu seiner Wirkung kommen. Schriftliche Texte zielen auf Kommunikation. Deshalb muss ihre Auslegung danach fragen, welche Wirkung intendiert ist, was und wie also kommuniziert werden soll.

Dabei ist die Frage zweitrangig, ob der Autor noch lebt oder einer vergangenen Zeit angehört. Das Verstehen literarischer Texte muss ohne Rückfrage, d.h. ohne Kenntnis der tatsächlichen Intentionen, Vorstellungen oder Beweggründe des Autors auskommen.[2] Deshalb ist eine gute Kenntnis dessen, was Texte zu Texten macht, entscheidend.

Wir unterscheiden im Blick auf ihre Autorschaft zwischen anonymen, orthonymen und pseudonymen Texten. Als anonyme Texte bezeichnen wir diejenigen Schriften, die ihre Autorschaft nicht verraten (z.B. die Evangelien).[3] Orthonyme Schriften tragen ihren Namen zu Recht (z.B. „echte" Paulusbriefe); pseudonyme zu Unrecht (sog. pseudepigraphe Schriften wie die Petrusbriefe). Es macht also einen Unterschied, ob wir Paulus, Matthäus oder „Petrus" bzw. Pseudo-Petrus sagen.

---

[1] Vgl. die Ausgangsdefinition in S. Horstmann, Art. Text, 594. Hier finden sich einführende Informationen zur Unterscheidung mündlicher und schriftlicher Texte. Wir wenden uns im Folgenden sogleich einem auf neutestamentliche Texte angewendeten literaturtheoretischen Textbegriff zu. Vgl. O. Wischmeyer, Hermeneutik, 175-184; E. Reinmuth, Hermeneutik, 91-94; E.-M. Becker, Was ist ‚Kohärenz'?; O. Wischmeyer, E.-M. Becker (Hg.), Was ist ein Text?; Zur aktuellen Diskussion um den Textbegriff und seine Geschichte vgl. die Beiträge in U. Fix, K. Adamzik u.a. (Hrsg.), Brauchen wir einen neuen Textbegriff?, Angewandte Linguistik 40, Frankfurt ua. 2002

[2] Das heißt jedoch nicht, dass die Frage nach der Wirkabsicht neutestamentlicher Autoren überflüssig wäre. Zur gegenwärtigen literaturtheoretischen Diskussion vgl. F. Jannidis u.a. (Hg.), Rückkehr des Autors; H. Detering (Hg.), Autorschaft. Grundlegende Texte, u.a. der folgenreiche Aufsatz von R. Barthes, Der Tod des Autors (1968), sind in F. Jannidis u.a. (Hg.), Texte zur Theorie der Autorschaft, zusammengestellt.

[3] Die Evangelienüberschriften wurden später hinzugesetzt und gehören nicht zum Original eines Evangeliums.

Namen wie diese haben zunächst einmal die Funktion, einen Text zu benennen, ihm damit einen geschichtlichen Ort zu geben und ihn von anderen gleichartigen Texten (z.b. Briefen, Evangelien, Apokalypsen) zu unterscheiden.[4] Der Autor ist eine unerlässliche Funktion der Interpretation. Mit dem Namen eines neutestamentlichen Autors verorten wir sein Werk vor dem Hintergrund historisch zu erforschender kultureller Kontexte. Wir bilden Vermutungen und Thesen, was er mit seinem Text beabsichtigte. Es ist der Autor, mit dem wir die Urheberschaft eines Textes benennen; für alle Tätigkeiten der Textproduktion (z.b. sammeln, auswählen, kombinieren, redigieren, gestalten) machen wir ihn verantwortlich. Er ist es, der in verschiedene Textrollen schlüpft (z.b. Erzähler [vgl. Apg 19,1–7], Briefautor [vgl. 2 Pt 3,1], Diskussionspartner [vgl. Jak 2,18], Offenbarer [vgl. 1 Kor 15,51ff; Röm 11,25ff]). Er ist es, auf den wir unsere Vorstellungen vom Autor eines Textes beziehen. Wir unterscheiden zwischen dem realen und dem impliziten Autor eines Textes.[5] Der implizite Autor ist eine Art Hilfskonstruktion, die all das in sich vereinigt, was wir einem Text über seinen Autor entnehmen können: Welche Überzeugungen, Voraussetzungen, Werturteile er zu erkennen gibt, mit welchem Selbstverständnis, welchen Erwartungen er diesen Text schreibt. Der implizite Autor kann z.b. nicht mehr wissen als der reale Autor, dessen Bild wir aufgrund von historischen Forschungen (v.a. den Analysen seiner eigenen Texte) erstellt haben. Unser Autorkonstrukt bildet die Grenze der Kompetenzen des impliziten Autors.

Im Blick auf das Neue Testament fallen realer und impliziter Autor weitgehend zusammen, weil wir die Autoren fast ausschließlich aufgrund ihrer eigenen Texte kennen. Dennoch ist die Unterscheidung sinnvoll, weil sie daran erinnert, dass unsere Kenntnis der historischen Personen, die hinter diesen Texten stehen, minimal ist.[6]

Im Blick auf unsere Fragen an den Autor eines neutestamentlichen Textes stehen wir also vor einem doppelten Problem: Zum einen kennen wir keinen von ihnen. Selbst Paulus, über den wir durch seine Briefe am meisten wissen, ist uns weitgehend unbekannt. Wir kennen ihn nur soweit, wie historische Erschließungsarbeit uns dies erlaubt. Wenn wir nach „Paulus" als dem realen Autor eines Briefes fragen, beziehen wir uns auf ein wissenschaftlich konstruiertes Bild und meinen mit ihm eine historische Person – eben die, deren Briefe wir vor uns haben. Ähnliches gilt für alle anderen neutestamentlichen Autoren, unabhängig davon, ob es sich um anonyme oder pseudonyme Texte handelt.

---

[4] Vgl. zum Folgenden S. Winko, Autor-Funktionen. Zur argumentativen Verwendung von Autorkonzepten in der gegenwärtigen literaturwissenschaftlichen Interpretationspraxis, in: H. Detering, (Hg.), Autorschaft, 334-354, 344ff.
[5] Vgl. zu dieser Unterscheidung E. Reinmuth, Hermeneutik 20f.
[6] Vgl. z.b. im Blick auf Paulus E. Reinmuth, Paulus. Gott neu denken, Leipzig 2004, 12-16.

Es wäre jedoch problematisch, unser Textverständnis auf die Aussageabsicht des Autors (*intentio auctoris*) zu begrenzen. Seine Absicht bleibt
immer unsere Konstruktion – auch wenn wir begründet annehmen, dass
sie das Richtige trifft. Ebenso problematisch wäre es, nur danach zu fragen, was wir selbst in einem Text zu sehen vermögen. Zielt eine Interpretation lediglich auf die Aussageabsicht der Rezipienten (*intentio lec-
toris*), kann sie dem Text nicht gerecht werden. Die Frage nach dem
Sinn des Textes steht deshalb im Mittelpunkt (*intentio operis*).[7]
Wir können den Texten viele Fragen stellen. Es mögen sinnvolle und
unsinnige sein. Es mögen Fragen sein, die am Text vorbeigehen, und
andere, die sich aus ihm ergeben. Die Erarbeitung sinnvoller Frageper-
spektiven gehört zu den wichtigsten Aufgaben neutestamentlicher Exegese. Jedoch – kein Autor, kein Paulus oder Matthäus, wird uns antworten. Wir sind es selbst, die Antworten formulieren und immer wieder am
Text prüfen müssen; wir sind es, die für diese Antworten verantwortlich
sind.[8]

Die Wahrnehmung eines Textes nennen wir Rezeption. Ein Text kann
zunächst widersprüchlich oder gar sinnlos erscheinen und dennoch im
Rezeptionsprozess Bedeutung erlangen. Andersherum kann ein vertrau-
ter Text im Zuge der Rezeption fraglich und zum Gegenteil seiner bishe-
rigen Bedeutung werden.[9] Die Rezeption von Texten ist die Voraussetzung ihrer Wirkung. Texte werden mit Wirkabsichten geschrieben. Sie
sollen gelesen werden, um bestimmte Themen, Fragen, Meinungen, Informationen usw. zu kommunizieren. Man kann also mit Texten handeln. Hier liegt meist das Motiv, das zur Entstehung eines Textes führte.
Nicht nur Autoren handeln jedoch mit Texten. Überall, wo Texte kommuniziert werden, wird mit ihnen gehandelt. Stets geht es um die Wirklichkeit, die sich mit ihrer Hilfe kommunizieren lässt.
Hauptbedingung für die Rezeption von Texten ist ihre Textualität. Ein
Text kann z.B. scheinbar eine Einheit bilden (Kohäsion) und dennoch
mangelnde Kohärenz (innere Stimmigkeit) aufweisen.
Diese beiden Fachwörter gehören in eine Reihe von unerlässlichen
Merkmalen, mit denen die Texthaftigkeit (Textualität) von Texten erfasst wird:[10]

---

[7] Diese Unterscheidung wurde durch Umberto Eco eingeführt; vgl. ders., lector in
fabula. Die Mitarbeit der Interpretation in erzählenden Texten, München 1987.
[8] Das erfordert den selbständigen Umgang mit den Hilfsmitteln (Übersetzungen,
Konkordanzen, Lexika, Kommentare und weitere Sekundärliteratur). Vgl. die hilf-
reiche Übersicht bei M. Frenschkowski, Literaturführer Theologie und Religionswissenschaft, UTB 2405, 2003, 186-224.
[9] Vgl. z.B. Luthers „Turmerlebnis"; dazu Reinmuth, Paulus 226f.
[10] Vgl. E. Reinmuth, Hermeneutik 91f. Die sieben Kriterien der Textualität wurden
von R.-A. de Beaugrande und W. U. Dressler erarbeitet (dies., Einführung in die
Textlinguistik, Tübingen 1981, V).

1. Kohärenz (die Gehalte eines Textes bilden einen erkennbaren Zusammenhang)

2. Kohäsion (die Gestaltung des Textes lässt diesen Zusammenhang erkennen)

3. Intentionalität (die Gestaltung des Textes verdankt sich einer Kommunikationsabsicht)

4. Akzeptabilität (Leser erwarten einen sinnvollen Text)

5. Informativität (der Text enthält einen Neuigkeitswert)

6. Situationalität (der Text gehört zu einer bestimmten kommunikativen Situation)

7. Intertextualität (der Text gehört einer bestimmten „Textwelt" an und bezieht sich auf sie)

Kommunikation mit Hilfe von Texten ist kaum möglich, wenn ihnen auch nur eins dieser Merkmale fehlt.

Die Bedeutung eines Textes wird in der Regel beim Lesen oder Hören vom Beginn eines Textes bis zu seinem Ende, also in linearer Rezeption hervorgebracht – auch wenn wir im Einzelfall vielleicht punktuell, sprunghaft oder „blätternd" lesen. Ohne das dabei sich einstellende Erkennen von Strukturen ist kein Verstehen möglich. Texte, v.a. klassisch gewordene oder kanonisierte, fordern zum Wiederlesen auf. Solch erneutes Lesen nennen wir mit einem französischen bzw. englischen Fachwort „Relecture" (Re-Lektüre). Leser oder Leserinnen wollen die erkannten Strukturen überprüfen, Anspielungen nachgehen, Binnenstrukturen, Klammern (Inklusionen) oder Andeutungen noch einmal wahrnehmen. Der Text wird vielleicht neu und anders zu sprechen beginnen.

Die Re-Lektüre eines Textes ist ein anderer Rezeptionsvorgang als die erste Begegnung mit ihm. Beim Wiederlesen wird das Ganze des Textes erneut in den Blick genommen; Ästhetik, Strukturen oder Einzelfragen des Textes können deutlicher erkannt werden.

Jede Textinterpretation ist auf die Re-Lektüre, das aufnehmende und konstruktive Wiederlesen des Textes angewiesen. Das gilt nicht nur für unsere eigene Arbeit. Auch die Entstehung mancher neutestamentlichen Texte wird auf diese Weise verständlich.[11] In ihnen lassen sich Fortschreibungsprozesse aufweisen, die Textteile oder andere Texte kom-

---

[11] Zur Einführung vgl. J. Zumstein, Kreative Erinnerung. Er schlägt diese Definition vor: „Der Prozess der Relecture liegt dann vor, wenn ein erster Text die Bildung eines zweiten Textes hervorruft und wenn dieser zweite Text seine volle Verständlichkeit erst im Bezug zum ersten Text gewinnt." (Zumstein, J., Der Prozeß der Relecture in der johanneischen Literatur, NTS 42 (1996), 394-411, 395). Die Re-Lektüre ist ein intertextuelles Phänomen (s.u.). Es erfordert synchrone und diachrone Analysen.

mentieren, entfalten, korrigieren, neue Akzente setzen usw. Die dabei entstehenden Spannungen sind manchmal deutlich erkennbar. In solchen Fällen kann ein textimmanentes Gespräch sichtbar werden, dessen Beteiligte wir nicht mehr kennen. Wir können jedoch auf sie anhand der Differenzen im Text bzw. zwischen Texten[12] schließen.

Aufgaben:
1.) Lk 16, 1–13. Die Parabel (V. 1–8) wird anschließend kommentiert. Untergliedern Sie diese Kommentare und überlegen Sie, welche Perspektiven auf den Sinn der Parabel erkennbar sind!
2.) Mk 7, 14–23. Gliedern Sie den Text und stellen Sie fest, ob die Antwort Jesu (V. 18–23) unterschiedliche Interpretationen enthält!

Alle Texte lassen Lücken offen, „Leerstellen", die in der Rezeption zu füllen sind. Die Leistung der Rezeption knüpft also nicht nur bei dem an, was der Text sagt. Nicht weniger bedeutsam ist, was er nicht sagt. Beides gehört zur Textualität eines Textes. An beidem wird die intendierte Rezeption eines Textes erkennbar.
Die Strukturmerkmale eines Textes (Vorverweise, Anspielungen, direkte Reden usw.) können also nur Hinweise auf eine erwünschte Kommunikation sein; sie können diese nicht ersetzen. Erst die Rezeption, bei der der Sinn eines Textes erhoben wird, macht einen Text bedeutungsvoll.

Welche Kommunikation gewünscht, welche Wirkung beabsichtigt wird, wie ein Text verwendet werden soll, wird als Frage nach der Pragmatik eines Textes bezeichnet. Das Verstehen eines Textes kommt ohne sie nicht aus.
Pragmatik[13] fragt danach, wie Texte „handeln", was sie bewirken wollen. Die Frage nach ihrer Pragmatik stellt sich im Rahmen der Frage nach ihrer beabsichtigten Kommunikation.[14] Menschen verständigen sich nicht nur mit Texten, sie handeln auch mit ihnen. Texte können wirklichkeitsverändernde, d.h. performative Bedeutung haben; sie können explizit oder implizit zu Handlungen, Überlegungen, Reaktionen auffordern. Dabei ist immer zu berücksichtigen, wer in welcher Situation ursprünglich angesprochen wurde (vgl. u. Kapitel 5.4.).

Man kann unterschiedliche Basisfunktionen von Texten unterscheiden; sie treten meist in verschiedenen Mischungen auf:

---

[12] Vgl. dazu die Kapitel 4. Vorgeschichten und 5.2. Intertextualität. Die bekanntesten Beispiele intertextueller Re-Lektüre sind Mk/Mt, Mk/Lk, Kol/Eph, 1/2 Thess, Joh/1Joh, Jud/2 Pt.
[13] Von πρᾶγμα / prāgma – Tun, Handlung.
[14] Vgl. zur Einführung O. Wischmeyer Hermeneutik, 149-158.

1. Informationsfunktion (es geht darum, ein bestimmtes Wissen zu vermitteln; das geschieht v.a. durch Berichte, Nachrichten usw.; vgl. z.b. Röm 1,13)

2. Appellfunktion (hier geht es darum, dass Menschen zu etwas bewegt werden sollen, z.b. durch Bitten, Anordnungen usw.; vgl. z.b. Mk 13,33–37)

3. Obligationsfunktion (Menschen verpflichten sich den Adressaten gegenüber zu etwas, z.b. durch eine Schuldverschreibung; vgl. z.b. Gal 6,11–17; Phlm 18f)

4. Kontaktfunktion (hier steht die Beziehung zwischen Autor und Adressat/en im Vordergrund; vgl. z.b. Hebr 13,18–25)

5. Deklarationsfunktion (mittels des Textes wird eine neue Wirklichkeit festgestellt; z.b. durch einen Schuldspruch; vgl. z.b. Röm 1,16f; 1 Kor 16,22)

6. Imaginationsfunktion[15] (Texte vermitteln Perspektiven auf Wirklichkeiten, sie imaginieren Vorstellungen, Überzeugungen, Weltbilder; vgl. z.b. Lk 11,17–26).

Meist sind unterschiedliche pragmatische Aspekte in einem Text gemischt. Es ist immer sinnvoll, sich über das jeweilige „Mischungsverhältnis" klar zu werden.

Aufgabe: Manche Texte thematisieren sogar ihre Pragmatik. Vergleichen Sie die pragmatische Bedeutung der Textbezüge in 1 Kor 5,9ff; 2 Thess 2, 1–2; Hebr 13,22; 2 Petr 3, 14–16; Offb 22,18f; 1 Thess 5,27; Kol 4,16!

Wollen wir die Texte des Neuen Testaments als Fragmente einer vergangenen Kommunikation ernst nehmen, so müssen wir unter pragmatischem Aspekt nach ihrer intendierten Rezeption fragen. Im Gegensatz zur realen Rezeption eines Textes, die wir mit empirischen Mitteln erforschen können,[16] ist die intendierte Rezeption dem Text selbst zu entnehmen. Jeder Text enthält indirekte oder gar direkte Hinweise, wie der Text verstanden werden soll.

Direkte Hinweise zur beabsichtigten Rezeption eines Textes finden wir v.a. in seinen Rahmenteilen, also in den Anfangs- und Schlussteilen (vgl. z.b. Lk 1, 1–4; Joh 20,30f.).

In narrativen Texten kann es vorkommen, dass der Erzähler seine primäre Rolle verlässt und das Erzählte kommentiert (z.b. Mk 7,19b). Oft sind daraus Hinweise zur beabsichtigten Rezeption des Erzählten zu entnehmen (s.u. S. 20). Aber auch die unterschiedlichen Strukturen argumentativer und narrativer Texte geben zu erkennen, welche Rezeptionen beabsichtigt waren (s.u.).

---

[15] Vgl. O. Wischmeyer, Hermeneutik 154.
[16] Vgl. MLLK, Art. Rezeptionsforschung, empirische, 572-575.

Neutestamentliche Texte enthalten narrative und argumentative Elemente bzw. Textstrukturen. Für die Exegese ist es entscheidend, sie zu erkennen, zu unterscheiden und im Blick auf ihre Funktionen im Text zu verstehen. Argumentative und narrative Textstrukturen finden sich also in unterschiedlichen Mischungen, nicht nur in scheinbar „reinen" Erzähltexten oder argumentierenden Passagen, sondern z.B. auch in visionären, bekennenden, anweisenden („paränetischen") Texten. Diese Strukturen geben Aufschluss über die intendierte Rezeption eines Textes. Erzählende Texte (bzw. -Elemente) enthalten eine Verlaufsstruktur, argumentativ sind Texte (bzw. -Elemente), die eine Begründungsstruktur aufweisen.

Literatur:
R.-A. de Beaugrande, W.U. Dressler, Einführung in die Textlinguistik, 1981
E.-M. Becker, Was ist 'Kohärenz'? Ein Beitrag zur Präzisierung eines exegetischen Leitkriteriums, ZNW 94 2003,97-121
H. Detering (Hrsg.), Autorschaft, Positionen und Revisionen, Stuttgart/Weimar 2002
A. Geisenhanslüke, Einführung in die Literaturtheorie. Von der Hermeneutik zur Medienwissenschaft, Darmstadt 2003
S. Horstmann, Art. Text, in: Reallexikon der deutschen Literaturwissenschaft Bd. 3 (2003), 594-596
F. Jannidis u.a. (Hrsg.), Rückkehr des Autors. Zur Erneuerung eines umstrittenen Begriffs, Tübingen 1999
ders. u.a. (Hrsg.), Texte zur Theorie der Autorschaft, Stuttgart 2000
ders., Zwischen Autor und Erzähler, in: H. Detering (Hrsg.), Autorschaft, Positionen und Revisionen, Stuttgart/Weimar 2002, 540-556
E. Reinmuth, Hermeneutik des Neuen Testaments. Eine Einführung in die Lektüre des Neuen Testaments, UTB 2310, Göttingen 2002
ders., Paulus. Gott neu denken, BG 9, Leipzig 2004
S. Winko, Autor-Funktionen. Zur argumentativen Verwendung von Autorkonzepten in der gegenwärtigen literaturwissenschaftlichen Interpretationspraxis, in: Detering, H. (Hg.), Autorschaft, Positionen und Revisionen, Stuttgart/Weimar 2002, 334-354
O. Wischmeyer, E.-M. Becker (Hrsg), Was ist ein Text? NET 1, Tübingen/Basel 2001
O. Wischmeyer, Hermeneutik des Neuen Testaments. Ein neutestamentliches Lehrbuch, Tübingen/Basel 2004
J. Zumstein, Kreative Erinnerung. Relecture und Auslegung im Johannesevangelium, Zürich 1999
ders., Der Prozeß der Relecture in der johanneischen Literatur, NTS 42 1996, 394-41

2.1. Narrative Texte

Es geht bei narrativen Textstrukturen[17] nicht nur um die Frage, „was" erzählt wird, sondern auch um die Frage, „wie" erzählt wird. Das eine mag in der Vergangenheit liegen, das andere – die narrative Gestaltung des Textes – ist eine Frage der Gegenwart des Erzählers. Wir unterscheiden grundsätzlich zwischen der erzählten Welt („story world") als der Welt, in der die Handlungsträger leben und handeln, und der Erzähler-Welt („narrative world"): Die Welt des Erzählers und seiner Adressaten, in der der Kommunikationsprozess über das Erzählte stattfindet. Die Relevanz des Erzählten für die Erzählsituation entscheidet sich bereits mit der Auswahl des Erzählinhalts. Das heißt nicht, dass es in beiden Situationen um dieselben Erzählgegenstände, -ereignisse oder -figuren gehen muss. Die Zahl möglicher Bezüge zwischen erzählter Welt und Erzählwelt ist praktisch unbegrenzt.

Es geht jedoch nicht nur um die Frage, welche Erzählinhalte ausgewählt wurden, weil sie als erzählenswert, als relevant erachtet wurden. Es geht auch um die Frage, wie ihre für Erzähler und Adressaten gegenwärtige Bedeutung vermittelt wurde. Beides ist für die intendierte Rezeption entscheidend.

Der Erzähler ist für die Geschichte, die erzählt werden soll, unabdingbar. Mit dem Stichwort „Erzähler" ist der Autor in der Rolle des Erzählers gemeint. Beides wird in der gegenwärtigen Literaturtheorie unterschieden; beide Rollen fallen jedoch in neutestamentlichen Erzähltexten tendenziell zusammen.[18] Der Erzähler kennt über die handelnden Personen hinaus Anfang und Ende; er verantwortet den Sinn der Erzählung.[19] Er ist es, der die Adressaten zu Angesprochenen seiner Erzählung werden lässt. In diesem Akt wird aus der Erzählung mehr, als sie selber erzählen kann. Es geht nicht mehr nur um ihre Inhalte, sondern um die Beziehungen, die die Adressaten zu ihnen gewinnen können; es geht mit den Beziehungen, die sie zu ihnen finden, um sie selbst, um ihren eigenen Lebenssinn.

Jede Erzählung enthält eine Verlaufsstruktur, die Anfang und Ende hat. Der Verlauf einer Erzählung bietet ständig Alternativen, die zu einem anderen Verlauf des Erzählten führen würden. Oft ist es nützlich, sie mitzudenken, um den Sinn der narrativen Gestaltung schärfer zu erfassen. Das ist besonders in den wenigen Fällen zu beachten, wo im Text auf solche Alternativen aufmerksam gemacht wird.

---

[17] Vgl. E. Reinmuth, Hermeneutik, 94-97.
[18] Vgl. grundlegend F. Jannidis, Zwischen Autor und Erzähler, in: H. Detering (Hg.), Autorschaft, 540-556.
[19] Wir bezeichnen ihn mit einem Fachwort als auktorialen Erzähler.

Beispiele:

In Mk 11,28 wird Jesus gefragt, in welcher Machtbefugnis er solche Dinge (gemeint ist die Tempelaktion V. 15–17) tut. Die Antwort Jesu eröffnet eine grundlegende Alternative. Die Adressaten der Erzählung sind implizit aufgefordert, sie mit ihren Konsequenzen zu bedenken. Denn Jesu Gegenfrage lautet: Von woher nahm der Täufer das Recht, zu taufen? Vom Himmel (gemeint ist Gott) oder von Menschen? Die religiöse Elite bleibt die Antwort schuldig, und Markus kommentiert ausdrücklich, was die beiden möglichen Antworten jeweils bedeutet hätten (V. 31f).

In Mt 26,53f wehrt Jesus in der Situation seiner Gefangennahme den Versuch einer gewaltsamen Verteidigung mit dem Hinweis ab, er könne sich in diesem Moment von mehr als 12 Engellegionen schützen lassen. Das würde jedoch seinem in den Schriften vorgezeichneten Weg nicht entsprechen.

In Fällen wie diesen sind die Adressaten aufgefordert, die benannten Alternativen zu reflektieren. Alle Geschichten mit einem offenen Ende erfordern ähnliche Überlegungen (vgl. z.B. Lk 15,31f).

Es kann sinnvoll sein, sich die Verlaufsstruktur einer Erzählung graphisch zu verdeutlichen und wichtige Entscheidungspunkte wie Weichenstellungen zu markieren.

Jeder Erzähler muss entscheiden, an welchen Stellen er genauer, an welchen er zusammenfassender erzählt, wie detailliert oder wie kondensiert er also den Erzählinhalt fasst. Er muss das, was er an Handlungsfäden öffnet, auch wieder schließen. Es handelt sich um drei Erfordernisse, denen jeder Erzähler sich stellen muss. Mit der Detaillierung geht es um die Frage, wieweit ein Erzählelement veranschaulicht werden soll, damit die Erzählung die gewünschte Wirkung erzielt. Mit der Kondensierung geht es um die Frage, wieweit der Erzählinhalt oder einzelne Erzählelemente gebündelt, gerafft oder zusammengefasst werden können, damit Wichtiges von Unwichtigem unterschieden wird. Detaillierung und Kondensierung sind entgegen gesetzte Erzählhandlungen, mit denen ausführlicheres bzw. zusammenfassenderes Erzählen unterschieden wird. Beides hat Grenzen, die durch das, was und wie erzählt werden soll, bestimmt werden. Mit der Schließung von Erzählfäden bzw. der Erzählung geht es darum, sie „zum Ziel" kommen zu lassen und eine plausible Geschlossenheit des Erzählten zu erreichen.

Es ist also unabdingbar, Erzähltexte nicht nur daraufhin zu befragen, was sie erzählen, sondern auch auf ihre narrative Gestaltung zu achten, um der beabsichtigten Kommunikation auf die Spur zu kommen. Erzählen, auch das in schriftlichen Texten, ist eine kommunikative Handlung, die auf das Verständnis ihrer Adressaten abzielt.

Die Einleitung und der Schlussteil bilden Rahmenteile, in denen oft orientierende und bewertende (evaluative) Hinweise gegeben werden, die nicht für die erzählten Vorgänge, wohl aber für ihr intendiertes Verständnis entscheidend sind. Das kann auf implizite oder explizite Weise geschehen.

Darstellung

Der Anfang einer Erzähleinheit enthält meist eine Exposition. Sie bietet Informationen, die vom Autor als erforderlich zum Verständnis des Erzählten angesehen werden.

Beispiel: Mk 9,14–16.
Geschildert wird eine Situation, die die kleine Gruppe um Jesus bei der Rückkehr vom Berg der Verklärung (vgl. V. 2–13) vorfindet. Die zurückgebliebenen Jünger befinden sich offenbar in einer schwierigen Lage. Man kann gut die Funktion dieser Exposition beobachten. Sie hat die Aufgabe, die Leserinnen und Hörer ganz nah in diese Situation hineinzuführen. Der Sinn dieses Vorgehens wird in den V. 28–29 deutlich.

Expositionen oder expositionelle Elemente geben bereits Aufschluss über die intendierte Rezeption. Welche Informationen werden gegeben, welche Bewertungen fließen ein, welche Beziehung zu den intendierten Adressaten lässt sich evtl. ablesen? Welche Konfliktsituationen, Handlungsstränge oder Problemfragen werden eröffnet?
Diese letzte Frage ist für die Wahrnehmung der Struktur narrativer Texte entscheidend. Erzähltexte unterliegen der Regel, dass alles, was geöffnet wird, auch wieder zu schließen ist (s.o.). Am Ende einer Erzählung können Feststellungen getroffen werden, die das Erzählte bündeln, bewerten, kommentieren. Hier wird, wie am Anfang, nicht wirklich erzählt, sondern auf einer anderen als der Erzählebene (Kommentarebene, Metaebene) Kontakt zu den intendierten Rezipienten gesucht.
Kontakte dieser Art können auch in Erzählungen eingestreut sein. Der Autor verlässt seine Erzählerrolle und kommentiert etwas; er streut Randbemerkungen in den Erzählablauf, um Hinweise, nachträgliche Informationen, Bewertungen usw. zu geben. Für das Verständnis von neutestamentlichen Erzähltexten ist es wichtig, diese unterschiedlichen Ebenen zu unterscheiden.
Explizite Bewertungen können z.B. vorgenommen werden, indem der Erzähler auf der Kommentarebene das Erzählte oder eine handelnde Figur charakterisiert. Er gibt damit Einblick in seine Wertvorstellungen, Überzeugungen oder Voraussetzungen. Er zeigt zugleich, was er auf diese Weise vermitteln will. In Mk 7,19b stellt der Erzähler z.B. fest: „Damit hat er (Jesus) alle Speisen für rein erklärt." Damit wird eine Folgerung aus dem Erzählten gezogen, die die Bedeutung zu erkennen gibt, die der Autor mit seinen Leserinnen und Hörern kommunizieren will.

Beispiele:
Vgl. die kurze Notiz „geldgierig sind sie" – φιλάργυροι ὑπάρχοντες / philargyroi hyparchontes Lk 16,14. Mit dieser Bemerkung kennzeichnet der Autor direkt seine Handlungsträger.
Vgl. auch Lk 17,16 („und das war ein Samaritaner!"); Mt 4,1b („um vom Teufel versucht zu werden").

Aufgabe:
Überprüfen Sie die Funktion folgender Randbemerkungen: Lk 3,23; 6,16; 7,29f; 9,14.33.45.51; 17,16; 18,1; 20,27; 23,12.18f; 23,50f!

Man kann also die kommentierenden Formulierungen als parenthetische („eingeschaltete") Bemerkungen beschreiben, die den Erzählprogress unterbrechen und direkt an die intendierten Leserinnen und Hörer gerichtet sind. Sie errichten zwischen dem Autor und ihnen eine metanarrative, also jenseits der Erzählebene liegende Beziehung, die Teil des Gesamtdiskurses ist, an dem Erzähler und Adressaten teilhaben. Je öfter oder markanter ein Autor sein Erzählen kommentiert, desto mehr wird der Leser ihn wahrnehmen und sich dabei an die eigene Kommunikationswelt, also den Gesamtdiskurs, den er mit dem Autor teilt, erinnern lassen. Er wird dazu aufgefordert, sich nicht nur mit der erzählten Welt zu identifizieren, sondern sie auch zu reflektieren und mit dem Autor auseinander zu setzen.

Beispiel:
Joh 11,13 kommentiert ein Missverständnis zwischen Jesus und seinen Jüngern; es bezieht sich darauf, dass Lazarus – vor kurzem gestorben – von Jesus als Schlafender bezeichnet wird. Die Jünger verstehen das wörtlich, und der Autor thematisiert ausdrücklich dieses Missverständnis, um dann Jesus sagen zu lassen, dass Lazarus tatsächlich gestorben sei.
Der argumentative (bzw. in diesem Fall erläuternde) Beitrag des Erzählers sieht auf den ersten Blick harmlos aus. Ein Missverständnis – Jesus rückt es ja gleich in direkter Rede gerade. Aber es ist mehr. Es ist für den Autor eine Möglichkeit, mit den Adressaten der Erzählung für einen Moment in „direkten" Kontakt zu kommen, gleichsam hinter den Kulissen der Geschichte hervorzutreten und ihnen etwas zuzurufen: Ihr seid so wenig kostümiert wie ich, im Gegensatz zu den Darstellern, die ihre Rolle spielen und ihre Texte sagen müssen. Ihr habt sicher gemerkt, dass die Jünger nicht immer dem gewachsen sind, was Jesus sagt. Aber Ihr habt ihn verstanden – bravo! Ein Bravo vom Dichter an die Zuschauer – wir sind überrascht und gespannter als vorher. Hatte er noch mehr gesagt? Wollte er uns indirekt auf noch etwas hinweisen?
Wir glauben schon. Hier geht es nicht um Schlaf, es geht um den Tod. Das, was die Jünger wörtlich nahmen, wird zur Metapher für das, worum es tatsächlich geht. Der Autor unterstreicht mit seiner unterbrechenden Kommentierung ausdrücklich diese Unterscheidung und thematisiert auf diese Weise den Tod in der Perspektive des Glaubens.

Aufgabe:
Unterscheiden Sie erzählendes und kommentierendes Handeln in Lk 8, 26–33!

Was soll erzählt werden? Diese Frage ist doppelt zu verstehen. Sie richtet sich einerseits an den Erzählinhalt, andererseits an die damit beabsichtigte Kommunikation. Die zweite Frage ist komplex und keineswegs immer eindeutig zu beantworten (oder auf eine einfache Antwort reduzierbar); sie hängt mit der kommunikativen Situation des Erzählens, der Erzählsituation zusammen. Es muss etwas geben, das für diese relevant ist – ein erzählenswertes Ereignis z.b., mit dem sich Orientierung für die gegenwärtige Situation vermitteln lässt, ein neuer Gesichtspunkt, eine als paradigmatisch zu verstehende Handlung, eine Entwicklung, die Gegenwärtiges zu erklären vermag usw. Jede Gegenwart hat Themen, die Für und Wider kennen, die als offene Fragen kommuniziert werden. Sie geben dem, was erzählt werden kann, Relevanz. Erzählsituation und erzählte Situation sind deshalb methodisch strikt zu unterscheiden und in ihrer impliziten Bezogenheit aufeinander zu beachten. Es wäre freilich ein Missverständnis, wollte man Erzähltexte auf ihre thematische Sinnhaftigkeit reduzieren. Sie gehen in der beabsichtigten Kommunikation bestimmter Themen oder Fragen nicht auf. Sie sind mehr als Orientierungen oder Unterrichtungen. Sie sind – ähnlich wie Metaphern, ähnlich aber auch wie argumentative Texte im Neuen Testament – Sinngestalten, die eine ästhetische, sinnliche, imaginative Seite haben. Kein Erzähltext ist eindimensional.

Literatur:
C. Kahrmann, G. Reiß, M. Schluchter, Erzähltextanalyse. Eine Einführung mit Studien- und Übungstexten. Eine Einführung mit Studien- und Übungstexten, 4. Aufl. Weinheim 1996
J.P. Fokkelman, Reading Biblical Narrative. A Practical Guide, Leiden 1999
M. Martinez, M. Scheffel, Einführung in die Erzähltheorie, München 1999
G. Genette, Die Erzählung, München 1994

2.2. Argumentative Texte

Argumentative Textstrukturen[20] zeigen, dass zu einer bestimmten Frage Verständigungsbedarf bestand. So ein Bedarf entsteht, wo gemeinsames Leben, Wirken oder Handeln, auch das beabsichtigte oder nur vorgestellte, problematisch wird. Auftretende Probleme können bewältigt werden, indem man die Handlungsebene wechselt; Verständigung muss nun auf der argumentativen Ebene gesucht werden. Auf dieser Ebene treten auch die praktischen Probleme in ein neues Licht. Sie werden zu Problemlagen: Die Partner der Verständigung reden „über" strittige Fragen; sie entwickeln Perspektiven auf die Wirklichkeit, die ihnen problematisch wurde.
Die Unterscheidung zwischen Problem und Problemlage ist für das Verstehen argumentativer Texte grundlegend. Erst sie ermöglicht angemessene Perspektiven auf Fragen und Auseinandersetzungen, die neutestamentlichen Texten zugrunde liegen. Diese Unterscheidung erinnert ständig daran, dass wir mit einem Text nur die eine – überdies fragmentarische – Seite einer einst aktuellen Auseinandersetzung vor uns haben. Und sie lässt uns darauf blicken, welche Probleme im frühen Christen-

---

[20] Vgl. E. Reinmuth, Hermeneutik, 97-104.

tum als so gravierend erachtet wurden, dass argumentatives Handeln für nötig befunden wurde. Die uns vorliegenden Briefe sind Überreste solchen Handelns.

Beispiel:

Das Befremden, das Paulus im Blick auf Kontakte von Gemeindegliedern mit Prostituierten äußert (1 Kor 6,12ff), dürfte von den Betroffenen in Korinth nicht geteilt, sondern vielleicht mit Erstaunen aufgenommen worden sein. Konnten sie sich doch auf eine Parole beziehen, von der sie wohl annahmen, dass sie einen gemeinsamen Nenner mit den Auffassungen des Paulus bildete: Alles ist mir erlaubt (V. 12). Gerade sie ging ja auf die paulinische Freiheitspredigt zurück. Paulus kann indessen den sexuellen Kontakt mit Prostituierten nicht als Ausdruck christlicher Freiheit verstehen. Er sieht darin vielmehr sittliches Fehlverhalten (πορνεία / porneia, „Unzucht" V. 13) und damit ein Handeln, das Christen unbedingt zu unterlassen haben.

Die Analyse eines begründenden Text(abschnitt)es erfordert die Konstruktion einer Problemlage und damit Rückschlüsse darauf, was aus Sicht des Autors die Argumentation nötig machte. Damit geraten zugleich denkbare Positionen der Opponenten in den Blick. Möglicherweise bildet der von uns untersuchte Textabschnitt nur einen Argumentationsstrang innerhalb einer umfangreicheren bzw. komplexeren Argumentation; möglicherweise geht es im selben Text um mehrere unterschiedliche Problemlagen. Erst in Berücksichtigung solcher makrotextueller Relationen können einzelne Perikopen interpretiert werden.
Es geht mit der Argumentation um das, was für die Kommunikationspartner gemeinsam gelten soll. Wir konstruieren mit dem Sinn eines argumentativen Textes zugleich die problematische Situation, auf die er sich bezieht. Auch argumentative Texte beruhen also auf Auswahlprozessen: Was kann überhaupt argumentativ verhandelt werden? Welche Voraussetzungen teilen die Kommunikationspartner? Welches Lösungsziel verfolgt der mir vorliegende Text? Mit welchen Argumenten? Welche Rezeption ist mit ihrer Struktur beabsichtigt? Wie lässt sich die Position der Kommunikationspartner umreißen und begründen?
Ähnlich wie bei der narrativen Analyse ist also bereits die Frage nach dem Inhalt wichtig: Warum steht dieses Thema auf der Tagesordnung, warum nicht andere? Wir versuchen, uns eine kommunikative Situation mit den Positionen der beteiligten Partner vorzustellen. Auf welche Voraussetzungen nimmt ein argumentativer Text Bezug? Welche Sicht auf die Problemlage gibt er zu erkennen; wie formuliert er sie? Welche Überzeugungen thematisiert er? Worauf läuft die Argumentation hinaus? Wo liegen ihre Grenzen? Wenn theoretisch alles in Frage gestellt und diskutiert werden kann, kommt es darauf an, den Umfang einer Problemlage und die Reichweite der verwendeten Argumente zu bestimmen. Das bedeutet:
Unsere Analyse muss versuchen, die Geltung, die mit einzelnen Äußerungen beansprucht wird, fest zu stellen. Entscheidend ist, dass mit Äußerungen Geltungsansprüche (GA) erhoben werden, die intersubjektive,

also nicht nur für den Autor oder die Absender geltende Bedeutung haben sollen. Geltungsansprüche können bejaht oder abgelehnt, unterstützt oder in Zweifel gezogen werden. Das ist mit den Tatsachen, den Fakten oder Sachverhalten, auf die sie sich beziehen, anders. Argumentationen können sich nur auf Geltungsansprüche beziehen. Geltungsansprüche müssen keineswegs das Ziel einer Argumentation sein. Das Ziel einer Argumentation, z.b. eine These, eine Behauptung oder Forderung, ist auf Begründungen angewiesen, die ihrerseits Geltungsansprüche enthalten. Jede Äußerung, die begründende Funktion hat, ist ein Argument. Es kann seinerseits begründungsbedürftig sein.

Wir müssen also bei der Analyse argumentativer Texte beachten, welche Struktur sie enthalten, was begründet wird und was nicht, und welche Mittel dabei verwendet werden. Dabei muss, soweit das möglich ist, die kommunikative Situation berücksichtigt werden, in der das konkrete Problem, um das es im Text geht, aufgetreten ist und nun als Problemlage bearbeitet wird.

Es geht also um ein sehr einfaches Grundmuster, das auch alltagssprachlichen Begründungsstrukturen zugrunde liegt. Eine von einem Gesprächsteilnehmer aufgestellte Behauptung muss überzeugend begründet werden, wenn die Aussicht auf Akzeptanz durch die Anderen bestehen soll. Voraussetzung dafür ist, dass ihnen der Zusammenhang, die Schlussregel, zwischen der aufgestellten Behauptung und ihrer Begründung plausibel erscheint.

Wenn der Zusammenhang zwischen der Behauptung (dem so genannten Geltungsanspruch) und seiner Begründung (dem Argument) seinerseits ausdrücklich zum Thema eines Diskurses oder Textes gemacht wird, lässt das auf inhaltliche Differenzen zwischen dem Autor und seinen Adressaten schließen. Diese können sowohl das (theologische) Wissen, das akzeptierte bzw. vorausgesetzte Wertesystem als auch die Bewertung der Problemlage betreffen.

Die Grundstruktur jeglicher Argumentation besteht also aus drei Elementen: Geltungsanspruch, Argument und Schlussregel.

Aufgabe: 1Kor 15, 12–19
Welche GA macht Paulus geltend? Welche Voraussetzungen teilt er mit den Adressaten?

Diese Grundstruktur erscheint in argumentativen Texten allerdings nur äußerst selten in reiner Gestalt. Im Normalfall ist sie in sehr viel komplexeren Zusammenhängen gleichsam verborgen. So geschieht es oft, dass ein Autor im Vorgriff auf mögliche Einwände gegen die von ihm explizit oder implizit angeführten Schlussregeln zusätzliche Absicherungen einbaut. Diese können in weiteren Argumenten bestehen - etwa im Sinne einer kumulativen Beweisführung. Das können aber auch in der Gruppe, zu der die Kommunikationspartner gehören, allgemein akzeptierte Überzeugungen oder Autoritäten sein. Im Neuen Testament wären das z.b. Bekenntnisaussagen oder Schriftzitate. Gelegentlich finden sich in Texten auch Aussagen, die den Geltungsbereich der vorgebrachten Geltungsansprüche bzw. Argumente betreffen. Dann werden Ausnahmen eingeräumt (z.b. 1Kor 7,15) oder auch abgelehnt (z.b. Röm 2,3f) bzw. Aussagen zur Zuverlässigkeit der dargebotenen Begründung getroffen (z.b. Röm 14,14).

Es kann sinnvoll sein, bestimmte Textstrukturen unter Verwendung von Kürzeln auch graphisch dazustellen, wenn damit nicht die verbale Argumentationsanalyse ersetzt wird: z.b. Behauptung (K, weil durch Konklusion erschlossen), Argument (D wie Datum, also das gegebene Argument), Regel (SR wie Schlussregel, mit der etwas geschlossen bzw. begründet werden kann), Begrenzungsausagen (z.b. AB Ausnahmebedingungen, wann ein Schluss K aus einem Argument D nicht gilt).[21]

Argumentationsanalyse ist ebenso unerlässlich wie Erzähltextanalyse, wenn wir verhindern wollen, die Texte (oder Textelemente) mit unseren Situationen kurzzuschließen und auf diese Weise zu vereinnahmen.

Literatur:
M. Kienpointner, Art. Argument, Historisches WB der Rhetorik Bd. 1 (1992), 889-904
E. Eggs, Art. Argumentation, Historisches WB der Rhetorik Bd. 1 (1992), 914-991
St. E. Toulmin, Der Gebrauch von Argumenten, Weinheim ²1996
M. Schecker (Hrsg.), Theorie der Argumentation, Tübingen 1977
K.-M. Bull, „Den Schwachen im Glauben nehmt an!" Zur paulinischen Argumentation in Röm 14,1-15,13, in: ders., E. Reinmuth (Hrsg.), Bekenntnis und Erinnerung. Festschrift zum 75. Geburtstag von Hans-Friedrich Weiß, RTS 16, Münster 2004, 215-234
J. Kopperschmidt, Methodik der Argumentationsanalyse, Problemata 119, Stuttgart 1989
Ch. Perelman, Die neue Rhetorik: Eine Theorie der praktischen Vernunft, in: J. Kopperschmidt (Hrsg.), Rhetorik, 2Bde., Darmstadt 1991
J. Kopperschmidt, H. Schanze (Hrsg.), Argumente - Argumentation, München 1985
Ch. Perelman, Das Reich der Rhetorik. Rhetorik und Argumentation, München 1980
H. Wohlrapp (Hg.), Wege der Argumentationsforschung, Stuttgart – Bad Canstatt 1995
F. H. van Eemeren u.a., Fundamentals of Argumentation Theory: a handbook of historical backgrounds and contemporary developments, Mahwah, NJ 1996

---

[21] Vgl. dazu Klaus-Michael Bull, „Den Schwachen im Glauben nehmt an!"

3. Konturen

3.1. Den Text lesen

3.1.1. Übersetzung / en

Um einen Text des Neuen Testaments lesen und interpretieren zu können, muss eine Übersetzung zur Hand sein oder angefertigt werden. Der übersetzte Text hat also einen hohen Stellenwert. Aber keine Übersetzung ist die allein richtige. Fast immer gibt es mehrere Möglichkeiten, ein Wort oder eine Wendung, einen Satz oder Satzteil in unserer Sprache wiederzugeben. Das hat vor allem zwei Ursachen. Zum einen decken sich die Bedeutungsfelder eines Wortes im Griechischen und Deutschen nie vollständig. Teilweise weichen sie sogar erheblich voneinander ab (z.b. kann δόξα/doxa Plan, Ruhm, Meinung, Herrlichkeit u.v.m. bedeuten). Zum anderen wird der Sinn von Wörtern, Sätzen usw. in jeder Sprache ganz wesentlich von ihrem jeweiligen Kontext bestimmt. Deshalb ist es – zumal für Studierende ohne Griechischkenntnisse – wichtig, Übersetzungen zu vergleichen und sich ein eigenes Bild davon zu machen, welche Möglichkeiten der Wiedergabe der bearbeitete Text enthält. Es ist allerdings nicht zulässig, die diversen Übersetzungen „einfach so" miteinander zu vergleichen, da ihre Zielstellung bzw. Zielgruppe ganz entscheidend den Wortlaut des deutschen Textes beeinflusst. So reicht das Spektrum von den Übersetzungen in wissenschaftlichen Kommentaren über so genannte „Interlinearübersetzungen" (möglichst wortgetreue Wiedergaben des griechischen Textes ohne Rücksicht auf die deutsche Satzfügung) bis zu den „Gebrauchsbibeln", die ihrerseits ebenfalls unterschiedliche Intentionen verfolgen. Mit H. Haug[1] kann man bei den auf dem Markt befindlichen Bibelübersetzungen zwischen wörtlich-philologischen und kommunikativen unterscheiden, wobei diese Charakteristik eher die Pole eines breiten Spektrums, denn zwei klar abgrenzbare Gruppen beschreibt. Der Vorteil von wörtlich-philologischen Übersetzungen (z.B. Elberfelder Bibel, Zürcher Bibel) liegt in ihrem Bemühen um möglichst große Nähe zum Wortlaut des griechischen Textes. Ihr Nachteil besteht darin, dass man für ein Verstehen des Textes häufig zusätzliche Informationen bzw. Kenntnisse benötigt. Demgegenüber bemühen sich kommunikative Übersetzungen (z.B. Gute Nachricht Bibel) darum, primär den Sinn des griechischen Textes wieder zu geben, sie sind also sehr viel stärker leserorientiert. Der Nachteil dieser Übersetzungen liegt darin, dass sie viel intensiver als die

---

[1] H. Haug, Deutsche Bibelübersetzungen, 3-6.

wörtlich-philologischen von den inhaltlichen Entscheidungen der Übersetzer geprägt sind, die der Leser nicht unmittelbar erkennen kann. Die großen „Gebrauchsbibeln" (z.B. Einheitsübersetzung, Lutherbibel) beschreiten meist einen Mittelweg zwischen wörtlich-philologischer und kommunikativer Übersetzung. Bei der Verwendung der Lutherbibel, insbesondere in der unrevidierten Fassung, muss zusätzlich bedacht werden, dass Martin Luther bei seiner Übersetzung frühneuzeitliche Leser im Blick hatte (vgl. z.b. die Wiedergabe von δοῦλος / doūlos – wörtl. „Sklave" mit „Knecht").

Die Arbeit mit dem griechischen Neuen Testament bietet über den Vergleich von bereits vorhandenen Übersetzungen hinaus die Möglichkeit, sich mit der Bedeutungsfülle, die im Wortlaut des „Urtextes" steckt, auseinanderzusetzen und aufgrund dieser Kenntnisse eine eigene Übersetzung anzufertigen. Bedeutsam ist nicht ihre Originalität, sondern ihre ständige Reflexion im Prozess der Interpretation. Eine Übersetzung vorzunehmen heißt, Verantwortung dafür zu übernehmen, wie der Text in der eigenen Sprache lauten soll.

Auch die eigene Übersetzung aus dem Griechischen wird meist nicht ohne sichernden Vergleich mit mindestens einer schon vorliegenden Übersetzung erfolgen. Fast immer ist die Arbeit mit dem Wörterbuch auch an solchen Stellen sinnvoll, wo die Bedeutung einer Vokabel bekannt ist. Zudem ist die Arbeit an der Übersetzung des Textes ein dynamischer Vorgang, der das Bemühen um seine Interpretation begleitet. Da sich während der Arbeit am Text ständig neue Perspektiven auf die Bedeutung einzelner Worte oder ganzer Wendungen ergeben, verändert sich auch deren treffendste Übersetzung ins Deutsche. Es ist also ein (leider weit verbreiteter) Fehler, die meist zu Beginn der Interpretationsarbeit erstellte Rohübersetzung ohne weitere Reflexion zur Grundlage der gesamten exegetischen Arbeit zu machen. Sie sollte daher spätestens beim Abschluss der Arbeit überprüft und verbessert werden.

Hilfsmittel:
H.R. Balz / G. Schneider, Exegetisches Wörterbuch zum Neuen Testament, 3 Bände, Stuttgart ²1992
W. Bauer (Hrsg. K. u. B. Aland), Griechisch-deutsches Wörterbuch zu den Schriften des Neuen Testaments und der frühchristlichen Literatur, Berlin/New York ⁶1988
F. Blaß / A. Debrunner / F. Rehkopf, Grammatik des neutestamentlichen Griechisch, Göttingen ¹⁸2001
L. Coenen / K. Haacker (Hrsg.), Theologisches Begriffslexikon zum Neuen Testament, Neukirchen-Vluyn, Witten 2005
G. Kittel / G. Friedrich (Hrsg.), Theologisches Wörterbuch zum Neuen Testament, 10 Bände, Stuttgart 1933-1979

Literatur:
J. Albrecht, Literarische Übersetzung: Geschichte – Theorie – kulturelle Wirkung, Darmstadt 1998

D. Bachmann-Medick, Übersetzung als Medium interkultureller Kommunikation und Auseinandersetzung, in: F. Jaeger u.a. (Hrsg.), Handbuch der Kulturwissenschaften, 3 Bde., Stuttgart / Weimar 2004, Bd. 2, 449-465 (Lit.!)
M. Frenschkowski, Literaturführer Theologie und Religionswissenschaft, UTB 2405, Paderborn 2004 u.a., 113-122
W. Groß (Hrsg.), Bibelübersetzung heute - Geschichtliche Entwicklungen und aktuelle Anforderungen, AGWB 2, Stuttgart 2001
H. Haug, Deutsche Bibelübersetzungen: Das gegenwärtige Angebot – Information und Bewertung, Wissenswertes zur Bibel 10, Stuttgart ³1999
Ders., Ein Vergleich zwischen den großen „Gebrauchsbibeln": Lutherbibel – Einheitsübersetzung – Gute Nachricht, in W. Groß (s.o.), 329-364

3.1.2. Textkritik

Schon die parallele Lektüre guter Übersetzungen zeigt, dass der Wortbestand einzelner Stellen des Neuen Testaments strittig sein kann. Viele moderne deutsche Bibelausgaben weisen in den Fußnoten ausdrücklich auf besonders wichtige Fälle hin (z.B. sekundärer Schluss des Markusevangeliums Mk 16, 9–20).
Ganz gleich, ob man mit dem originalsprachlichen Text oder mit einer Übersetzung arbeitet, muss einem bewusst sein, dass der griechische Text, den wir heute verwenden, nicht der Autographen ist, sondern das Resultat einer langen Überlieferungs- und Forschungsgeschichte. Der griechische Text der gebräuchlichen wissenschaftlichen Ausgabe, des Novum Testamentum Graece von Nestle/Aland[26/27], ist das Ergebnis einer nach bestimmten Kriterien (s.u.) vorgehenden (Re)Konstruktionsarbeit, die sich um die mutmaßlich älteste erreichbare Textgestalt bemüht. Der „Urtext" des Neuen Testaments ist definitiv verloren.

In der Antike und im Mittelalter sind bis zur Erfindung des Buchdrucks schriftliche Dokumente ausschließlich durch (professionelle) Kopisten vervielfältigt worden. Diese schrieben entweder direkt von einer Vorlage ab oder erstellten die neue Handschrift nach Diktat. Beide Verfahren bergen diverse Fehlerquellen. So geht eine Reihe von Textvarianten offenbar auf Hörfehler zurück (z.B. Röm 5,1: ἔχομεν / ἔχωμεν). Andere lassen sich dadurch erklären, dass der Kopist aufgrund gleicher Anfänge oder Enden von Worten bzw. Sätzen in seiner Vorlage verrutschte (z.B. Auslassung von Mt 5, 19b–20 in Codex D), Buchstaben versehentlich doppelt schrieb bzw. ausließ (z.B. 1Thess 2,7: νήπιοι / ἤπιοι) oder (möglicherweise aufgrund des Zustandes seiner Vorlage) miteinander verwechselte (z.B. Röm 6,5: ἀλλά / ἅμα [ΑΛΛΑ / ΑΜΑ]). Eine weitere Ursache für Varianten bildete die Tatsache, dass in den ältesten Handschriften die griechischen Großbuchstaben ohne Wortzwischenraum bzw. Satzzeichen aneinander gereiht wurden (scriptio continua; z.B. Mt 9,18: εἶς ἐλθών / εἰσελθών).

Textvarianten können aber auch durch bewusste Änderungen entstehen, so wenn der Kopist seine Vorlage durch verdeutlichende Zusätze ergänzt (z.b. Apg 2,1 πάντες [alle] durch οἱ ἀπόστολοι [die Apostel] präzisiert bzw. eingeschränkt), stilistische Verbesserungen vornimmt (sehr häufig) oder vermeintliche Irrtümer korrigiert (z.b. Mk 1,2 γέγραπται ἐν τῷ ʾΗσαΐα τῷ προφήτῃ [es steht geschrieben beim Propheten Jesaja] geändert in τοῖς προφήταις [bei den Propheten; es handelt sich um ein Mischzitat]). Außerdem gibt es in der Textüberlieferung die Tendenz, Zitate an den Septuagintatext anzugleichen und Parallelüberlieferungen – insbesondere der synoptischen Evangelien – zu harmonisieren (meist in Gestalt der Angleichung an die Version des Mt). Schließlich wurden an verschiedenen Textstellen aus dogmatischen Gründen Korrekturen bzw. Erläuterungen vorgenommen (z.b. Mk 13,32 Streichung von οὐδὲ ὁ υἱός [auch nicht der Sohn; der Sohn kennt selbstverständlich den Termin des Endgerichts]; 1Joh 5,7f Einfügung der Trinitätslehre).

Das Vorurteil, die Textkritik sei allein Aufgabe der Spezialisten, ist schon allein deshalb falsch, weil so die Verantwortung für die verwendete Textbasis delegiert wird. Da mit der Entscheidung für die eine oder andere Textvariante (varia lectio [v.l.], Lesart) – und eine solche Entscheidung trifft man auch, wenn man „einfach" z.b. Nestle/Aland folgt – Weichenstellungen für die Auslegung erfolgen (können), ist es notwendig, über diese Entscheidung Rechenschaft abzulegen.
Wirklich notwendig wird eine methodisch reflektierte textkritische Entscheidung – außer zu Übungszwecken im Proseminar und der entsprechenden Arbeit – vor allem in den Fällen, wo der Text gravierende Fragen im Blick auf seine ursprüngliche Gestalt aufwirft. Das ist insbesondere dort der Fall, wo im griechischen Text des Novum Testamentum Graece von Nestle/Aland[26/27] Worte oder Wortteile in eckigen Klammern erscheinen. Aber auch dann, wenn im Apparat stark bezeugte Varianten angeführt werden, die einen differierenden Textsinn ergeben, ist ein begründetes Urteil unumgänglich. Es ist also notwendig, die entsprechenden Kenntnisse zu erwerben und in der Lage zu sein, den Apparat des Novum Testamentum Graece zu benutzen und textkritisch zu argumentieren[2].
Für die „Nichtgriechen" ist es unerlässlich, verschiedene Übersetzungen zu vergleichen und geeignete Kommentare zu Rate zu ziehen, um sich auf diese Weise über mögliche Textvarianten und deren Bedeutung zu informieren.
Diejenigen, die ein griechisches Neues Testament verwenden, sind zum Studium des Apparates verpflichtet. Es geht darum, die unterschiedliche Bezeugung einer Lesart wahrzunehmen und in ihrer Wertigkeit zu beur-

---

[2] Um den textkritischen Apparat sinnvoll nutzen zu können, ist das Studium der entsprechenden Einführung im Nestle-Aland, S. 8*-35* unabdingbar!

teilen. Auch das wird zumeist unter Zuhilfenahme der einschlägigen Hilfsmittel und der exegetischen Kommentare geschehen.

Das Anliegen eigener textkritischer Arbeit wird weniger sein, eine wirklich selbständige Entscheidung zu treffen, sondern vielmehr das textkritische Problem eines Textes zu erkennen und die getroffene Entscheidung über den mutmaßlich ältesten erreichbaren Text schlüssig zu begründen. Zugleich kann die Arbeit an den Varianten auch ein Gespür für die Geschichtlichkeit des von uns verwendeten neutestamentlichen Textes wecken.

Bei der Beurteilung der verschiedenen Textvarianten wird zwischen so genannten äußeren (textexternen) und inneren (textinternen) Kriterien unterschieden.
Es gilt zunächst die handschriftliche Bezeugung einer Lesart zu bewerten. Dabei gibt nicht einfach die bloße Zahl der Zeugen den Ausschlag, sondern ihre Qualität. Für die eigene Urteilsfindung geben die beschreibenden Handschriftenverzeichnisse von K. und B. Aland[3] dazu wichtige Hilfestellung. Außerdem muss gefragt werden, ob sich einzelne Varianten möglicherweise im Sinne einer Art Genealogie (Stemma) einander zuordnen lassen (z.B. ist die dritte der im textkritischen Apparat des Nestle/Aland[26/27] zu Mk 12,1 gebotenen Lesarten offenbar eine Untervariante zur zweiten, d.h. dieser gegenüber sicher sekundär).
Im zweiten Schritt erfolgt die inhaltliche Bewertung der verschiedenen Varianten. Dabei sind zum einen die oben genannten Ursachen für Textveränderungen zu bedenken. Zum anderen bewähren sich hier zwei alte Faustregeln:
1. lectio difficilior probabilior – die (stilistisch bzw. inhaltlich) schwierigere Lesart ist wahrscheinlicher (ursprünglich). Diese Regel beruht auf der berechtigten Annahme, dass spätere Abschreiber Schwierigkeiten eher beseitigen. Sie darf allerdings auch nicht überstrapaziert werden. Es gibt sinnlose Lesarten!
2. lectio brevior potior – die kürzere Lesart ist richtiger. Die handschriftliche Überlieferung hat insgesamt die Tendenz, den Text durch kommentierende, verdeutlichende usw. Ergänzungen zu erweitern.

Beispiel: 2Kor 5,3 (2. Textvariante im Vers)
Nestle[26/27] bevorzugt (im Gegensatz zu älteren Auflagen) ἐκδυσάμενοι / ekdysamenoi - Entkleidete, also die Lesart des so genannten westlichen Textes. Eindeutig besser bezeugt ist ἐνδυσάμενοι/endysamenoi - Bekleidete. Diese Lesart wird u.a. deshalb von der Mehrzahl der Exegeten bevorzugt, weil sie als lectio difficilior angesehen werden kann: Die nach dieser Variante von Paulus vertretene Auffassung ‚Als so Bekleidete werden wir nicht nackt sein' widerspricht nämlich der gängigen antiken Meinung (Platon, Kratylos 403b u.ö.), dass die Seelen im Hades o.ä. „nackt", d.h. vom irdischen Körper befreit, seien. Sie entspricht aber der von Paulus auch in

---

[3] K. u. B. Aland, Der Text des Neuen Testaments, 106-111 (Papyri). 117-137 (Majuskeln). 140-164 (Minuskeln).

1Kor 15,50-54 vertretenen Auffassung, dass es keinen leiblosen Zustand gebe. Die von uns nicht favorisierte Lesart ‚Weil wir auch als Entkleidete nicht nackt erfunden werden' passt den Text an den antiken mainstream an und beseitigt die vermeintliche Tautologie. Das Beispiel zeigt, dass auch die textkritischen Entscheidungen der Herausgeber von Nestle[26/27] kritisch zu hinterfragen sind, zumal dann, wenn der jetzt im Druck gebotene Text von dem der 25. Auflage abweicht.

Aufgabe: Diskutieren Sie die textkritische Variante in Röm 5,1!

Eines sollte man schließlich bei der textkritischen Arbeit am Neuen Testament – zumal als Anfänger – nicht tun: Den Text aus inhaltlichen Gründen gegen die gesamte handschriftliche Überlieferung ändern (so genannte Konjektur)! Zum einen ist die Wahrscheinlichkeit, dass sich die ursprüngliche Lesart überhaupt nicht erhalten hat, angesichts der Breite der Textüberlieferung äußerst gering. Zum anderen ist die Gefahr, den Text den eigenen theologischen Vor-Urteilen „anzupassen", sehr groß.

Beispiel: Phlm 9 – πρεσβύτης / πρεσβευτής
Paulus verweist im Zusammenhang und zur Bekräftigung seiner Bitte für Onesimos darauf, dass er als πρεσβύτης / presbytēs – alter Mann um Christi Jesu willen Gefangener sei. Da diese Begründung für Paulus zu wenig theologisch gewichtig erscheint, wird immer wieder einmal unter Einfügung eines Buchstabens in πρεσβευτής / presbeutēs – Gesandter konjiziert bzw. sogar vorgeschlagen, gegen den philologischen Sinn zu übersetzen[4].

Hilfsmittel:
K. u. B. Aland, Der Text des Neuen Testaments. Einführung in die wissenschaftlichen Ausgaben sowie in die Theorie und Praxis der modernen Textkritik, Stuttgart [2]1989
B.M. Metzger, A Textual Commentary on the Greek New Testament: a companion volume to the United Bible Societies' Greek New Testament (fourth revised edition), Stuttgart [2]1994

Literatur:
U. Schnelle, Einführung in die neutestamentliche Exegese, UTB 1253, Göttingen [5]2000, 32-51
Th. Söding, Wege der Schriftauslegung, Freiburg/Basel/Wien 1998, 86-101
A. Thomasberger, Textsicherung und Textkritik, in: H. Brackert, J. Stückrath (Hrsg.), Literaturwissenschaft. Ein Grundkurs, Reinbeck [7]2001, 455-466

3.1.3. Textinhalt

Nach dem ersten Lesen bzw. Übersetzen und der Vergewisserung über die Textgrundlage gilt es, sich in einem nächsten Schritt einen inhaltlichen Überblick über den Text zu verschaffen. Wir rücken ihn dabei gleichsam wieder von uns ab und versuchen uns darüber klar zu werden,

---

[4] So P. Stuhlmacher, Der Brief an Philemon, EKK XVIII, Zürich u.a. [3]1989, 38.

was geschrieben steht. Dieser Durchgang durch den Text ist im Übrigen auch gerade dann sinnvoll und notwendig, wenn wir uns mit einem bekannten Abschnitt des Neuen Testaments beschäftigen! Oft gehen das Vor-Wissen um seinen Inhalt und die bewusst oder unbewusst rezipierte Auslegungstradition ineinander über, so dass dieses Knäuel nur durch bewusste Distanzierung entwirrt werden kann. Dabei erweist es sich oft als hilfreich, das eigene Vor-Verständnis des Textes niederzuschreiben, um ihm auf diese Weise im Zuge der weiteren Interpretationsarbeit buchstäblich gegenüber treten zu können.

Die Wiedergabe des Textinhalts ist keine leichte Aufgabe. Sie läuft entweder Gefahr, die Worte des Textes einfach zu wiederholen oder den betreffenden Abschnitt nur sehr allgemein zusammenzufassen.

Positiv gesprochen geht es um den Versuch, die Feinheiten des Textes möglichst präzise wiederzugeben und ihn zunächst selber sprechen zu lassen. Wann man so will, ist eine (erneute) Übersetzung erforderlich. Je genauer das gelingt, desto deutlicher wird die Aussage des Textes erfasst. Deshalb müssen – sofern das nicht schon im Zuge der Übersetzung geschehen ist – die einschlägigen theologischen Wörterbücher und Lexika herangezogen werden, um dem Gehalt (der Semantik) der Worte und des Textes auf die Spur zu kommen. Außerdem ist es notwendig, sich bereits in diesem Zusammenhang ein gewisses kulturelles Wissen über die antike Welt der Texte anzueignen, das später je nach konkretem Texterfordernis zu einzelnen Sachverhalten vertieft werden muss (vgl. Kapitel 5). Es ist ohne zumindest elementare Kenntnisse über die politischen, religiösen und wirtschaftlichen Zusammenhänge im östlichen Teil des Römischen Reiches während des 1.Jh. n.Chr. nur eingeschränkt möglich, den Sinn der neutestamentlichen Texte zu erfassen.

Aufgabe: Welchen zeitgeschichtlichen Hintergrund haben die Aussagen „der Juden" in Joh 19,12?

Das Unternehmen, den Gehalt jedes Verses, jedes Satzteils mit eigenen Worten wiederzugeben, hat den Vorteil, die „Bauweise" eines Textes kennen zu lernen und z.B. für seine spezielle argumentative Struktur sensibel zu werden. Zugleich schärft es die Aufmerksamkeit dafür, was der Text *nicht* sagt, welche Leerstellen bleiben. Oft haben diese gerade bei Erzählungen eine erhebliche Bedeutung für die Interpretation.

Diese Annäherung an den Textinhalt bewahrt davor, die Grenzen des Textes zu überschreiten und ihm seine Konkretheit zu nehmen, indem er für allgemeine (dogmatische, ethische o.a.) Aussagen beansprucht wird, die er nicht beabsichtigt. Zugleich sammeln wir erste Eindrücke dessen, was den Text möglicherweise für uns befremdlich macht.

Es empfiehlt sich, zunächst Wort für Wort und Vers für Vers vorzugehen und sich die Bedeutung der einzelnen Worte zu erarbeiten. Zur Reduzierung der gewonnenen Datenmengen ist es notwendig und hilfreich, sich auf die so genannten autosemantischen Begriffe zu konzentrieren, d.h. auf diejenigen Wörter, die selbst unmittelbar Sinnträger sind. In diesem Zusammenhang ist an zwei Erkenntnisse zu erinnern, die schon bei der Übersetzung wichtig waren: 1.) Den einen Sinn von Worten und Texten gibt es nicht. Das Ziel unserer Arbeit ist es, Sinnpotentiale zu erschließen. 2.) Der konkrete Sinn eines Wortes erschließt sich ausschließlich in und aus seinem unmittelbaren literarischen Kontext.

Beispiel: Bedeutung von παραβολή in der so genannten markinischen Gleichnistheorie (Mk 4,10-12)
Die einschlägigen Wörterbücher verzeichnen für παραβολή / parabolē im Neuen Testament zwei Grundbedeutungen: Gegenbild, Typus, Sinnbild und Gleichnis, Bildrede. Die Belegstellen zeigen, dass die erste Bedeutung ausschließlich im Hebräerbrief, die zweite hingegen in den synoptischen Evangelien vorkommt. Wenn wir nun das zweimalige Vorkommen von παραβολή in Mk 4,10f in seinem unmittelbaren Kontext betrachten, wird die Notwendigkeit einer weiteren Bedeutungsspezifizierung erkennbar. Insbesondere V.11 mit seiner Gegenüberstellung der Kenntnis des „Geheimnisses der Königsherrschaft Gottes" bei den Jüngern und der Widerfahrnis „aller Dinge" ἐν παραβολαῖς / en parabolais für „die draußen" verlangt, παραβολή hier im Sinne von „Rätselrede" zu verstehen. Dieses Verständnis wird durch die allegorische Interpretation des Gleichnisses vom viererlei Acker in 4,13-20 unterstützt. Der Evangelist interpretiert das Wissen um die wahre Bedeutung der Gleichnisse Jesu offenbar als esoterisches Geheimwissen der Christen, während den Außenstehenden mittels der Gleichnisse der Weg zu Umkehr und Vergebung verwehrt wird. Dabei versteht er die Grenze zwischen „drinnen" und „draußen" aber nicht als fixe Zustandsbeschreibung, sondern als dynamisch, d.h. die intendierten Leser werden gerade aufgefordert, sich die „Geheimnisse der Königsherrschaft Gottes" mittels des Evangeliums zu erschließen.

Aufgabe: Welche Bedeutung hat πληρῶσαι / plērōsai – erfüllen in Mt 5,17?

Um dem Sinn des Textes auf die Spur zu kommen, sind vor allem die Verknüpfungen der diesen Sinn tragenden Elemente des Textes zu erschließen. Es geht hier also nicht so sehr um das Netz der syntaktischen Beziehungen (Pronomen u.ä.)[5], sondern primär um inhaltliche Strukturen. Dazu gehören Wortwiederholungen, Wiederaufnahme durch bedeutungsverwandte Worte und implizite und explizite Oppositionen, d.h. Gegensätze zwischen den Sinninhalten einzelner Worte und Sätze. Insbesondere gilt es, auf Worte oder Aussagen zu achten, die durch ihre Stellung im Kontext oder ihre auffällige sprachliche Gestalt den Text inhaltlich prägen. Sie gewinnen ihre besondere Bedeutung z.B. durch Wiederholung (Stichwort δικαιοσύνη/dikaiosynē – Gerechtigkeit in der Bergpredigt – Mt 5,6.10.20; 6,1.33), betonte Voranstellung (1Kor 8,1b bildet eine Art Überschrift über das Folgende, vgl. Röm 14,1; 15,7; Mt 5,20) oder eine gehobene Sprache (Röm 14,14 – „ich weiß und bin gewiss im Herrn Jesus"). Mit Hilfe dieser Beobachtungen werden die tragenden Sinnlinien, gleichsam der „rote Faden", des Textes sichtbar.

---

[5] Vgl. zu diesem Aspekt der Textanalyse Kapitel 3.3.1.

Beispiel: Sinnlinien in Mk 2,1-12
In der Perikope Mk 2,1-12 sind zwei Szenen miteinander verbunden, die durch je
unterschiedliche Personenkonstellationen, Jesus – Gelähmter bzw. seine Träger und
Jesus – Schriftgelehrte, charakterisiert sind. Die Geschichte, in der dem Gelähmten
letztlich Heilung widerfährt, rahmt den Konflikt zwischen Jesus und den Schriftgelehrten.
In der ersten Hälfte der Perikope läuft die Erzählung nach der zweiteiligen Einleitung (V.1.2) auf V.5 zu, in dem der Evangelist durch die Bemerkung in der ersten
Vershälfte eine Verknüpfung zwischen dem Zuspruch der Sündenvergebung und
dem durch die vorangegangenen Anstrengungen (V.3f) demonstrierten Glauben der
Träger (und des Gelähmten?) herstellt (vgl. 5,34). Der Vergebungszuspruch wird in
V.7 von den Schriftgelehrten polemisch aufgenommen und Jesus unter das Verdikt
des Blasphemievorwurfs gestellt. Die Reaktion Jesu auf ihre Gedanken (!) weist
zunächst auf die Absurdität des Versuchs hin, Sündenvergebung und Heilung ge-
geneinander aufrechnen zu wollen (V.9), und reklamiert dann die von Gott verliehene Fähigkeit zur Sündenvergebung für sich (V.10). Die abschließende Heilung de-
monstriert diese, was durch die Reaktion der Umstehenden bestätigt wird.
Die beiden Szenen sind also durch das Thema der Vollmacht Jesu miteinander verbunden. In Opposition zu der Annahme dieser göttlichen Fähigkeit durch die Träger
des Gelähmten steht der Vorwurf der Blasphemie von Seiten der Schriftgelehrten.
Die zentrale Aussage des Textes findet sich offenbar in V.10. Der Vers wird insbesondere durch die (in den Übersetzungen häufig retuschierte) „zerbrochene" Syntax
hervorgehoben. Er wendet sich sowohl an die Schriftgelehrten als auch an die intendierten Leser.

Aufgabe: Zeichnen Sie die Sinnlinien in Mk 9, 14–27 nach!

In den neutestamentlichen Texten, die in einer von der öffentlichen Rede geprägten Umwelt verfasst worden sind, spielen Stilfiguren eine erhebliche Rolle. Sie sind in der Antike Gegenstand der Rhetorik. Für uns
machen sie häufig einen Teil der Fremdartigkeit der Sprache des Neuen
Testaments aus. Da die Stilfiguren von diesen in vielen Fällen offenbar
bewusst eingesetzt worden sind, ist ihre Kenntnis für das Erfassen des
Textsinns (und der Textabsicht, vgl. 3.3.3.) von nicht zu unterschätzen-
der Bedeutung.

Beispiele:[6]
Anapher – Wiederholung derselben Worte am Beginn von aufeinander folgenden
Sätzen, z.B. Mt 5,3ff μακάριοι / makarioi – selig;

Ellipse – Auslassung eines oder mehrerer an und für sich notwendiger Wörter in
einem Satzgefüge, z.B. 1Kor 3,2 „Milch gab ich euch zu trinken, nicht feste Kost
(gab ich zu essen)";

Inclusio – markantes Wort oder Wortgruppe stehen am Anfang und Ende (oder zumindest im ersten und letzten Satz) eines Textes, z.B. Mt 7, 16–20 „an ihren Früch-
ten werdet ihr sie erkennen";

---

[6] Zu den folgenden Beispielen vgl. das in der Literaturliste genannte Werk von W.
Bühlmann / K. Scherer.

Litotes – an der Stelle einer positiven Aussage steht die Negation ihres Gegenteils, z.b. Röm 1,13 „ich will euch nicht in Unkenntnis lassen";

Metapher – Übertragung der Bedeutung von einem Wort auf ein anderes zum Zwecke der Sinnerschließung, z.b. Lk 13,32 wird Herodes als ἀλώπεξ / alōpex – Fuchs (gemeint ist wohl der Schakal) bezeichnet, was ihn vor allem als hinterlistig und verschlagen kennzeichnet;

Parallelismus – zwei aufeinander folgende Glieder sind in grammatikalischer Konstruktion und Stellung der Satzteile in gleicher Weise aufgebaut; dabei kann inhaltlich das Gleiche (synonymer Parallelismus) oder Entgegengesetztes (antithetischer Parallelismus) ausgesagt werden, z.b. 1Kor 1,25 (synonymer Parallelismus), Mt 6,22b.23a (antithetischer Parallelismus).

Literatur:
die im Abschnitt 2.1.1. genannten Wörterbücher
W. Bühlmann / K. Scherer, Sprachliche Stilfiguren der Bibel: Von Assonanz bis Zahlenspruch. Ein Nachschlagewerk, Gießen [2]1994
Calwer Bibellexikon, O. Betz u.a. (Hrsg.), Stuttgart [6]2003
Der neue Pauly. Enzyklopädie der Antike, H. Cancik, H. Schneider (Hrsg.), Stuttgart 1997-2004
Neues Bibel-Lexikon, M. Görg (Hrsg.), Zürich u.a. 1991-2001
Theologische Realenzyklopädie (TRE), G. Müller u.a. (Hrsg.), Berlin u.a. 1977ff
Reallexikon für Antike und Christentum (RAC), E. Dassmann (Hrsg.), Stuttgart 1941 (1950) ff
Reclams Bibellexikon, K. Koch u.a. (Hrsg.), Stuttgart [7]2004
M. Reiser, Sprache und literarische Formen des Neuen Testaments, UTB 2197, Paderborn u.a. 2001
Religion in Geschichte und Gegenwart (RGG), H.D. Betz u.a. (Hrsg.), Tübingen [4]1998ff
G. Ueding / B. Steinbrink, Grundriß der Rhetorik, Stuttgart [3]1994 (insbes. 283-327)

3.2. Den Text abgrenzen

Perikopen – etwa die Textvorgaben für Seminararbeiten oder Abschnitte gottesdienstlicher Lesungen – sind Ergebnisse von Ausgrenzungen[7], mit denen Einzeltexte ihren Kontexten entnommen werden. Zugleich werden sie durch den Akt der Ausgrenzung aber auch neu auf diese bezogen, da die Frage nach der Berechtigung der Definition eines Teiltextes das Problem seiner Position und Funktion im Kontext mit neuer Schärfe ins Bewusstsein rückt. Die Problematik der Ausschnitthaftigkeit jeder Perikope wird im Vollzug der Interpretation leicht vergessen; sie tritt da völlig in den Hintergrund, wo biblische Einzelstellen wie Parolen verwendet werden. Bei diesem Gebrauch gewinnen die Texte ihren Sinn unter der Hand ganz vom Lebenskontext der neuen Verwendung her, obwohl oft das Gegenteil behauptet wird. Für das Verstehen der Texte

---

[7] Daran erinnert im Übrigen auch der Begriff „Perikope" als solcher, denn er bedeutet wörtlich „das ringsherum Abgehauene".

ist die Prüfung der Kontextbeziehungen aber unerlässlich, weil nur so Fehlschlüsse vermieden werden können. Nur durch die Einordnung in die mannigfaltigen Kontexte kann die Interpretation klarer erfassen, worum es in dem Einzeltext geht, worin seine Unverwechselbarkeit besteht und wie der Fluss des Textes, in den der von mir interpretierte Ausschnitt gehört, zu verstehen ist.

Kein Text steht also für sich allein, aber auch der zunächst von einer konkreten Schrift gebildete Kontext, denken wir z.b. an das Johannesevangelium, gehört wiederum einem weiteren Kontext an, in unserem Fall dem so genannten Corpus Johanneum, der johanneischen Literatur. Und auch diese gehört in einen größeren Kontext, nämlich den Kanon des Neuen Testaments – einen Kontext, der nicht ursprünglich zu der von mir untersuchten Perikope gehört, aber in rezeptionstheoretischer Hinsicht zu bedenken ist, da alle neutestamentlichen Texte seit Jahrhunderten ausschließlich als Teil dieses Kanons gelesen und ausgelegt werden. Weiter muss der kulturelle Kontext, in dem der konkrete (Teil)text entstanden ist, in seiner Vielgestaltigkeit bedacht werden. Für uns heute ist dieser Ursprungskontext nur fragmentarisch in Texten und archäologischen Relikten greifbar. Mit diesem Kontext im weitesten Sinne werden wir uns in Kapitel 5 näher beschäftigen[8].

Unsere Aufgabe ist also eine doppelte. Zum einen haben wir die Abgrenzung der Perikope aus ihrem literarischen Kontext systematisch zu hintergehen. Zum anderen ist aber auch ihr relatives Recht zu diskutieren, weil jeder Makrotext, d.h. in unserem Fall jede neutestamentliche Schrift, eine Fülle von Gliederungsmerkmalen enthält, die Unterteilungen rechtfertigen.

Zur ersten Orientierung hinsichtlich der Begrenzung der zu interpretierenden Perikope ist ein Blick in die verschiedenen Bibelausgaben hilfreich. Wenn „mein" Text dort unterschiedlich abgegrenzt wird, ist das ein Signal für Probleme bei der Bestimmung des Umfangs des Teiltextes bzw. der Perikope, das zu erhöhter Aufmerksamkeit mahnt[9].

Die Grenzen einer Perikope werden ganz allgemein gesprochen durch Anfang und Ende einer Sinneinheit markiert, d.h. ein Themenwechsel signalisiert üblicherweise auch den Anfang bzw. das Ende eines Teiltextes. Allerdings darf man diese Regel nicht absolut setzen, denn insbe-

---

[8] Um genauer differenzieren zu können, wird bisweilen zwischen Ko- und Kontexten unterschieden. Als Kotexte werden die unmittelbar eine Perikope umgebenden Texte bezeichnet, als Kontexte die kulturellen Welten, in denen ein Text zu Hause ist. Diese terminologische Unterscheidung ist für unsere exegetische Arbeit nicht notwendig.

[9] In diesem Zusammenhang sei ausdrücklich darauf verwiesen, dass die Kapitel- und Verseinteilungen in unseren Bibelausgaben nicht von den biblischen Autoren stammen. Unsere gewohnte Kapiteleinteilung stammt aus dem 13. Jahrhundert und geht auf Stephan Langton, einen Kardinal und Erzbischof von Canterbury zurück. Die Verseinteilung schuf der Drucker Robert Estienne in den Jahren 1551-1553.

sondere in den synoptischen Evangelien haben die Verfasser mehrfach Einzelerzählungen, die als solche klar voneinander abgrenzbar sind, unter übergreifenden Themen zusammengestellt (vgl. z.b. die Streitgespräche in Mk 2, 23–28 und 3, 1–6, die offenbar durch das gemeinsame Thema „Sabbat" verbunden sind). Bei erzählenden Texten stehen am Anfang einer Perikope häufig Zeit- und Ortsangaben. Die Grenzen eines Teiltextes sind demzufolge an einer Änderung des Ortes und/oder der Zeit erkennbar. Außerdem müssen die Personenkonstellationen in der Erzählung beachtet werden. Treten neue Personen auf bzw. bisherige Akteure ab? Ändert sich das Verhältnis zwischen ihnen?

Aufgabe: Sammeln Sie Beobachtungen, die für die Abgrenzung der Perikope Apg 3, 1–10 sprechen! Gibt es Gegenargumente?

Ein typisches Phänomen sowohl in erzählenden als auch in argumentativen Texten sind (teil)texteröffnende und –abschließende Motive. In vielen Fällen sind diese für die Sprache eines bestimmten Autors charakteristisch, z.b. die häufige Gleichniseinleitung im Lukasevangelium durch ἄνθρωπος τὶς / anthrōpos tis – „(irgend)ein Mensch" (Lk 10,30; 14,16; 15,11; 16,1.19 u.ö.), während wir im Matthäusevangelium an entsprechender Stelle ὁμοία ἐστιν ἡ βασιλεία τῶν οὐρανῶν / homoia estin hē basileia tōn ouranōn – „die Königsherrschaft der Himmel gleicht" finden. An dieser Stelle ist auch die paulinische Gewohnheit zu nennen, längere argumentative Zusammenhänge durch eine Art Leitsatz bzw. eine Eingangsthese zu eröffnen (z.B. Röm 12,1f; 14,1). Andere Motive gehören hingegen zu bestimmten literarischen Formen (vgl. Abschnitt 2.3.1.) wie z.B. die Akklamationen der Volksmenge am Ende von Wundererzählungen (Mk 2,12 u.ö.).

Beispiel: Die Versuchungsgeschichte – Mt 4, 1–11
Die Perikope mit der Versuchungsgeschichte ist im Mt durch einen erzählenden Rahmen klar von ihrem Kontext abgegrenzt. In V.1 ändern sich sowohl Zeit (τότε / tote - danach) als auch Ort (εἰς τὴν ἔρημον / eis tēn erēmon - in die Wüste) der Handlung. Außerdem werden mit dem Geist und dem Teufel neue Akteure in die Handlung eingeführt. V.2 bietet dann die näheren Umstände der Versuchung (40 Tage und Nächte Fasten, Hunger).
In V.11 verschwindet der eine Akteur, der Teufel, aus der Szenerie, während die Engel eine kurze Gastrolle geben. V.12 leitet mit der Erwähnung der Verhaftung des Täufers und einem erneuten Ortswechsel nach Galiläa eine neue Perikope ein.
Unser Text ist auch in sich durch das Erscheinen des Teufels und zwei Ortwechsel (V.3.5.8), die die einzelnen sich steigernden Versuchungen einführen, weiter strukturiert. Da die Akteure (Jesus, Teufel) und das Thema (Versuchung) aber identisch bleiben, ist eine Unterteilung in weitere Teiltexte nicht sinnvoll.

Es waren die Entscheidungen des Autors, die es mir ermöglichen, mit Hilfe der Kontextbeziehungen seiner Gestaltungsarbeit nachzugehen und so der Dynamik seines Textes auf die Spur zu kommen. Diese Überlegung führt zu der Frage, was der von mir interpretierte Einzeltext mit der Gesamtstruktur des Werkes zu tun haben mag. Wo ist er verortet, welche Rolle spielt er, welche Wirkung ist ihm zugedacht, welche Bedeutung erhält der Makrotext durch ihn? Bei der Beantwortung dieser Fragen sollte man in zwei Schritten vorgehen. Zunächst sollte die Art und Weise der Verankerung der zu interpretierenden Perikope in ihrem unmittelbaren literarischen Kontext betrachtet werden. Gibt es sprachliche (Stichworte, Vor- oder Rückverweise, Szenerie bei Erzählungen) oder inhaltliche (logische Verknüpfungen, gemeinsame Themen [s.o.], Handlungsbögen in Erzählungen) Verzahnungen?

In einem zweiten Schritt wird die Stellung und Funktion des Teiltextes innerhalb des Makrotextes (Evangelium, Brief etc.) bedacht. Wo hat der Autor die Perikope innerhalb seiner Erzählung bzw. seiner Argumentation platziert? Ist sie Teil eines größeren Argumentations- oder Erzählbogens und welche Funktion kommt ihr innerhalb dieses Zusammenhangs zu? Oder setzt der Autor mit dem von mir untersuchten Teiltext einen besonderen Akzent? Ist der Teiltext auf eines der zentralen Themen des Makrotextes beziehbar?

Beispiel: Die Versuchungsgeschichte Mt 4, 1–11 im Kontext des Matthäusevangeliums

Die Versuchungsgeschichte bildet im Matthäusevangelium gemeinsam mit der Taufperikope (Mt 3, 13–17) den Höhepunkt des „Prologs" des Evangeliums und „öffnet … gleichsam einen Horizont"[10] für die Lektüre der mit 4, 12–22 beginnenden Erzählung der Wirksamkeit Jesu.

Die enge Verknüpfung mit der Taufperikope wird vor allem durch die Stichworte πνεῦμα / pneuma - Geist (3,16; 4,1) und υἱός (τοῦ θεοῦ) / hyios (toū theoū) - Sohn (Gottes) markiert. Der Geist, den Jesus in der Taufe erhält, führt ihn in die Wüste. Dort bewährt Jesus sich in der Versuchung durch den Diabolos als Gottessohn, indem er sich als gehorsam gegenüber dem alttestamentlichen Gotteswort erweist.

Die Bezüge zwischen unserer Perikope und der weiteren Erzählung des Evangeliums sind vielfältig. Auffällig erscheint z.B., dass sich der mt Jesus auch im Verlauf der Passion weigert, himmlischen Beistand herbeizurufen (26,53f) bzw. seine Gottessohnschaft durch ein Gottes Willen konterkarierendes Mirakel zu demonstrieren (27, 38–44). Die deutlichsten Anklänge an die Versuchungsgeschichte, speziell deren dritten Teil (V.8–10), bietet aber die berühmte Schlussperikope Matthäi am Letzten (28, 16–20). Hier wie dort bildet ein Berg die Kulisse, hier wie dort geht es um das Thema der Macht. Hatte der mt Jesus am Beginn seines irdischen Weges im Gehorsam gegen Gottes Wort der Verlockung der durch den Teufel angebotenen Herrschaft über die Königreiche der Welt widerstanden, so proklamiert der Auferstandene jetzt die ihm von Gott verliehene (passivum divinum in V.18) Vollmacht über Himmel und Erde. „Der Machtverzicht des irdischen Jesus weist auf die Vollmacht des Auferstandenen voraus."[11] Möglicherweise weist der Evangelist bereits in

---

[10] U. Luz, Das Evangelium nach Matthäus I, EKK I/1, Neukirchen-Vluyn ⁵2004, 226. Die folgenden Ausführungen sind weitgehend den ebd., 226-228, gebotenen Hinweisen verpflichtet.
[11] U. Luz, Matthäus I, 228.

der Schlussnotiz der Versuchungsgeschichte (die Engel dienen Jesus) auf diese Perspektive hin.

Aufgabe: Ordnen Sie Lk 24, 13–32 in den Kontext des Lukasevangeliums ein!

Literatur:
wissenschaftliche Kommentare zu den neutestamentlichen Büchern, besonders zu empfehlen sind:
Anchor Bible (AncB)
Evangelisch-Katholischer Kommentar zum Neuen Testament (EKK)
Handbuch zum Neuen Testament (HNT)
Herders Theologischer Kommentar zum Neuen Testament (HThK)
Kritisch-exegetischer Kommentar zum Neuen Testament (KEK)
Neues Testament Deutsch (NTD; speziell für Leser ohne Griechischkenntnisse)
Theologischer Handkommentar zum Neuen Testament (ThHK; vor allem die neueren Bände)
Word Biblical Commentary (WBC)
K.-M. Bull, Bibelkunde des Neuen Testaments, Neukirchen-Vluyn. [5]2006
U. Schnelle, Einleitung in das Neue Testament, UTB 1830, Göttingen [5]2005

3.3. Den Text strukturieren

3.3.1. Textstruktur – die literarische Gestalt des Textes

Die Struktur eines Textes ist kein Selbstzweck, sondern Kommunikationsmittel. Weil die sprachliche Form untrennbar mit dem Inhalt verknüpft und auf ihn bezogen ist, kam schon bei der Wiedergabe des Textinhalts (vgl. Kapitel 3.1.3.) die Textstruktur, d.h. die Verknüpfung der Textelemente untereinander, mit in den Blick. Jetzt geht es vorrangig darum, ein klares Bild von der literarischen Gestalt des Textes zu gewinnen. Letztlich werden wir die Fragen nach dem Textsinn, nach der Einbindung in den literarischen Kontext und nach der Strukturierung von Erzählungen bzw. Argumentationen bündeln, um nach der Intention, dem Abfassungszweck, der Texte fragen zu können (vgl. Kapitel 3.3.3.).

Um sich die Struktur des Textes zu erarbeiten, muss der (griechische) Text noch einmal Stück für Stück durchgegangen und nach entsprechenden Signalen befragt werden[12]. Diese können auf unterschiedlichen Ebenen des Textes – Wort, Satz, (Gesamt- oder Teil)Text – begegnen [3].

---

[12] Es darf nicht verwundern, dass hier z.T. die gleichen Gliederungsmerkmale eine Rolle spielen wie in Abschnitt 3.2. Ging es dort um die Strukturierung von Makrotexten, schauen wir uns jetzt Teiltexte unter dem gleichen Aspekt an.
[13] Vgl. Th. Söding, Wege der Schriftauslegung, Freiburg u.a. 1998, 132-139. Söding macht mit Recht ebd. 133 darauf aufmerksam, dass im griechischen Text bereits auf der Lautebene Struktursignale begegnen; vgl. z.B. die Alliterationen in Mt 5, 3–6; Hebr 1,1.

Auf der Wortebene sollten insbesondere diese Fragen beantwortet werden:
- Treten bestimmte Wortarten gehäuft auf?
- Welche Verbformen prägen den Text? (z.B. Partizipien in Eph 1, 3–14; Imperative in 1Thess 5, 14–22)
- Gibt es Tempuswechsel bei den Verben? (z.B. Wechsel von Aorist zu Präsens am Beginn der Antithesen Mt 5,21)
- Treten Numeruswechsel auf? (z.B. Röm 1,32 zu 2,1)

Die Fragen auf der Satzebene knüpfen teilweise an die Beobachtungen auf der Wortebene an:
- Wird der untersuchte Text durch bestimmte Satzarten dominiert bzw. ist ein Wechsel der Satzarten zu konstatieren? (z.B. Häufung von Fragesätzen in Röm 3,1–8)
- Gibt es Auffälligkeiten im Satzbau? (z.B. „zerbrochene" Syntax in Mk 2,10)

Schließlich ist der gesamte (Teil)Text zu betrachten. Dabei spielen zwei Aspekte eine besondere Rolle:
- Wie wird der Text zusammengehalten?
  a) Mittels welcher Partikel oder Konjunktionen sind die Sätze temporal oder logisch untereinander verknüpft?
  b) Treten Pronomina oder andere so genannte Proformen, d.h. Worte, die für andere (vorher genannte) Begriffe oder Wendungen stehen, auf? (z.B. διὰ τοῦτο/dia toûto - deshalb)
- Sind im Text Strukturmuster zu erkennen?
  Das können u.a. folgende sein:
  a) Wiederholung von Worten, Wendungen oder ganzen Sätzen (z.B. μακάριοι/makarioi in den Seligpreisungen Mt 5, 3–12; πίστει/pistei
- durch Glauben Hebr 11, 3-31; stereotype Wendungen am Ende der Reden in Mt 7,28; 11,1; 13,53; 19,1; 26,1);
  b) Oppositionen (z.B. μακάριοι/makarioi – Selig! und οὐαί/ouai – Wehe! in Lk 6, 20–26, πνεῦμα/pneuma – Geist und σάρξ/sarx – Fleisch in Röm 8, 1–17);
  c) Chiasmen (Anordnung von Textelementen in Kreuzform [z.B. A B B' A'] bzw. konzentrischen Kreisen [z.B. A B C B' A'; das kann bis zur kunstvollen Strukturierung großer Textkomplexe gehen; vgl. die Bergpredigt, die offenbar um das Zentrum „Vaterunser" konstruiert ist]);
  d) Rahmung von Textabschnitten durch formale Einleitungs- und Schlusssequenzen (z.B. Briefformular, sog. Chorschluss bei Wundergeschichten Mk 2,12b u.ö.).

Bei intensiverer Beschäftigung mit neutestamentlichen Texten wird man bald feststellen, dass verschiedene Texte eine sehr ähnliche literarische Gestalt (oder Form) aufweisen. Man spricht dann davon, dass sie der gleichen literarischen Gattung angehören. Die Bestimmung dieser Gattung ist auch insofern wichtig, weil Texte gleicher literarischer Gattung mutmaßlich auch in gleichen oder zumindest ähnlichen Kontexten Verwendung gefunden haben (so genannter „Sitz im Leben"). Die Zuschreibung eines Textes zu einer Gattung gelingt nicht immer eindeutig, weil jeder Text über die gattungsspezifischen Strukturmerkmale hinaus immer auch ein individuelles Gepräge hat. Andererseits eröffnet dieses Besondere dann auch den Zugang zur spezifischen Funktion gerade dieses Textes.

Beispiel: Mk 2, 1–12 – Wundergeschichte oder Streitgespräch
Die Erzählung in Mk 2, 1–12 zeigt deutlich Strukturmerkmale, die charakteristisch für Wundererzählungen sind. So schildert V.4 eindrücklich die Schwierigkeiten, die die Träger des Gelähmten überwinden müssen, um ihn in Jesu Nähe bringen zu können. Auch das Glaubensmotiv (V. 5), die Aufforderung Jesu an den Gelähmten (V.11), der Bericht über den Heilungserfolg (V.12a) und der Chorschluss (V.12b) entsprechen ganz dem üblichen Aufbau entsprechender Erzählungen (vgl. 4, 21–43; Joh 5,8f). Dagegen fällt der Disput zwischen den Schriftgelehrten und Jesus (V. 5–10) vollkommen aus diesem Rahmen. Er trägt vielmehr Züge eines klassischen Streitgespräches (vgl. z.B. Mk 3, 22–30). Die oben S. 34 angestellten Überlegungen zu den Sinnlinien dieser Perikope zeigten, dass auf dem Disput besonderes inhaltliches Gewicht liegt. Insofern ist der Text ein instruktives Beispiel für den Fall, dass gerade die nicht gattungstypischen Elemente den Akzent tragen. Es ist deshalb nachvollziehbar, wenn manche Exegeten die Erzählung eher als Streitgespräch mit wunderhaftem Rahmen o.ä. beschreiben wollen.

Bei narrativen Texten ist zunächst danach zu fragen, ob lediglich „erzählt" wird, oder ob Elemente Verwendung finden, die die Erzählung unterbrechen und damit strukturieren. Dabei ist vorrangig an direkte Reden, Autorkommentare und (Schrift)Zitate gedacht. Im Hinblick auf die weitere Arbeit am Text sollte man bereits hier darauf achten, ob deren Inhalt und Funktion eventuell über die erzählte Situation hinausgeht. Sodann suchen wir nach Gliederungssignalen im Text, die Orts- oder Zeitangaben enthalten, oder mit denen eine Art „Szenenwechsel", z.B. durch Auf- oder Abtritt von Personen, erfolgt. Mit ihrer Hilfe ist es möglich, den Text weiter zu untergliedern und die Frage nach der Funktion der einzelnen Teile innerhalb der Erzählung zu stellen.
Wir interessieren uns also dafür, „wie" erzählt wird, welche erzählerischen und rhetorischen Strategien der Autor wählt, um seine Welt im Text an die potentiellen Leser zu vermitteln. Dieser Aspekt von Erzählungen wird im Gefolge des amerikanischen Literary Criticism als „discourse" bezeichnet[14].

---

[14] Vgl. den in den Literaturhinweisen am Ende dieses Abschnitts genannten Aufsatz von U.E. Eisen.

Beispiel: Mk 11,27 – 12,12 (Streit um die Vollmacht Jesu)
Zu Beginn der Perikope kehren Jesus und seine Jünger (im griechischen Text im Plural des Verbs „versteckt") nach der rätselhaften Episode mit dem verfluchten Feigenbaum erneut nach Jerusalem zurück. Dort kommen „die Hohenpriester, Schriftgelehrten und Ältesten", also die Mitglieder des Synhedrions, zu „ihm" (11,27). Das Pronomen ist durch den Kontext (V. 22) eindeutig auf Jesus beziehbar. Diese Personenkonstellation bleibt bis 12,12 („sie verließen ihn und gingen weg") im Wesentlichen erhalten, allein die Jünger verschwinden mit V.27 faktisch aus der Szene. Daraus folgt, dass der Erzähler den Text von 11,27 bis 12,12 als Einheit betrachtet wissen will.
Die Perikope ist erzähltechnisch trotzdem zweigeteilt. Während nach der Einleitung in 11,27 von 11,28 bis 11,33 ein ständiger Wechsel der wörtlichen Rede zwischen Jesus und den Synhedrionsmitgliedern stattfindet, stellt 12,1b-11 einen nur durch die rhetorische Frage 12,9a unterbrochenen Monolog Jesu dar, der durch die Überleitung 12,1a als παραβολή/parabolē – Gleichnis charakterisiert ist, mittels dessen Jesus seine Antwort aus 11,33 fortsetzt. Auffällig ist das am Ende (V. 10f) im Monolog integrierte Schriftzitat aus Ps 118,22f, das in der frühen Christenheit offenbar christologisch gedeutet worden ist (vgl. Apg 4,11; Röm 33; 1Petr 2,6–8). Das weist darauf hin, dass die Rede Jesu auf die nachösterliche Zeit ausgreift.
11, 31–32a wird die Wechselrede durch eine Beratung der Synhedrionsmitglieder untereinander unterbrochen. 11,32b stellt einen Erzählerkommentar dar, der dem Leser im Anschluss daran das Motiv für die ausweichende Reaktion der Gesprächspartner Jesu auf dessen Frage erläutert. Durch die Wiederaufnahme der Motivation „sie fürchteten nämlich das Volk" in der erzählerischen Rahmung 12,12 erreicht der Autor über 12,1a hinaus eine zusätzliche Verschränkung der beiden Teile der Perikope.

Aufgabe: Untersuchen Sie die Erzählung vom Blindgeborenen Joh 9, 1–38 auf ihre narratologische Struktur!

Bei der Analyse argumentativer Texte gilt das Hauptaugenmerk dem oben in Kapitel 2.2. ausgeführten argumentativen Grundmuster.
Um die Funktion der Einzelaussagen innerhalb dieses Musters zu bestimmen, muss die Aufmerksamkeit vor allem den logischen Verknüpfungen zwischen den (Teil)sätzen gelten (s.o.).
Zusätzlich müssen inhaltliche Fragen gestellt werden: Was wird behauptet bzw. bestritten? Was wird explizit vorausgesetzt, mit welcher Funktion? Was wird implizit vorausgesetzt?
Damit ist deutlich, dass eine sinnvolle Strukturanalyse argumentativer Texte nur unter Rückgriff auf die inhaltlichen Beobachtungen[15] gelingen wird.

Beispiel: Röm 14, 7–9
Der in der radikalen Aussage 14,7 erhobene Geltungsanspruch bildet im Zusammenhang des übergreifenden Argumentationsstranges Röm 14,2–13a eine erneute Begründung für den in 14,6 benannten Zusammenhang zwischen dem Verhalten der Christen und ihrer Christusbeziehung und bringt ihn via negationis („auf dem Weg

---

[15] Vgl. oben Kapitel 3.1.3.

der Verneinung") gleichsam auf den Punkt. Die gesamte Existenz[16] jedes Christen ist auf den Herrn bezogen. Der erhobene Geltungsanspruch wiederholt im Grunde also das in abstrakter Form, was Paulus in V.6 am konkreten Beispiel behauptet hatte. V.8b bietet die Grundlage, auf der Paulus den Schluss von V.8a zu V.7 ziehen konnte. Zunächst scheint es ja nicht unmittelbar einzuleuchten, dass die Bezogenheit der Existenz der Christen auf den Herrn automatisch einschließt, dass sie nun nicht mehr um ihretwillen existieren. Deshalb stellt der Apostel unter Aufnahme der Metaphernsprache von 14,4 grundsätzlich klar: τοῦ κυρίου ἐσμεν – dem Herrn gehören wir. Christen sind die Haussklaven Christi (vgl. Röm 6,22) und gehören ihm als solche mit Leib und Leben, denn im Ostergeschehen ist er Herr über Tote und Lebende geworden. Damit sichert Paulus seine Argumentation durch den Rekurs auf das gemeinsame, als nicht hinterfragbar unterstellte Bekenntnis ab.

Aufgabe: Analysieren Sie die Argumentation des Apostels Paulus in 1Kor 1,13 – 2,5!

Literatur (vgl. auch die zu den Kapiteln 2.1. und 2.2. genannten Titel):
K. Berger, Exegese des Neuen Testaments, UTB 658, Heidelberg ³1991 (insbes. § 4)
K. Berger, Formen und Gattungen im Neuen Testament, UTB 2532, Tübingen/Basel 2005
R. Bultmann, Die Geschichte der synoptischen Tradition, Göttingen ¹⁰1995
M. Dibelius, Die Formgeschichte des Evangeliums, Tübingen ⁵1966
U.E. Eisen, Das Markusevangelium erzählt. Literary Criticism und Evangelienauslegung; in: S. Alkier / R. Brucker (Hrsg.), Exegese und Methodendiskussion, TANZ 23, Tübingen/Basel 1998, 135-153
M. Martinez / M. Scheffel, Einführung in die Erzähltheorie, München ⁴2003
M. Reiser, Sprache und literarische Formen des Neuen Testaments. Eine Einführung, UTB 2197, Paderborn u.a. 2001

3.3.2. Autor- und Adressatenbild

Wir verstehen die Texte des Neuen Testaments als Teile umfassender Kommunikation. Wir müssen folglich fragen: Wer kommuniziert hier mit wem? Diese Frage ist nur scheinbar banal, da wir über die realen Autoren und Adressaten neutestamentlicher Texte nur wenig, meist gar nichts wissen. Daher sind die Texte unser einziger Zugang zu beiden. Jeder Text enthält Hinweise darauf, wie der Autor sich und seine Adressaten gesehen hat. Diese Hinweise müssen berücksichtigt werden, wenn wir der beabsichtigten Kommunikation eines Textes auf die Spur kommen wollen.

In den meisten Texten des Neuen Testaments, nämlich in den Briefen und der Offenbarung des Johannes, begegnet uns durchgängig ein Autor-Ich, das aber nicht einfach mit dem realen Autor identisch ist. Viel-

---

[16] Das Gegensatzpaar ζῆν/zēn / ἀποθνῄσκειν/apothnēskein – leben/sterben ist in diesem Sinne zu verstehen.

mehr haben wir hier die Rolle vor uns, die der Autor im Text im Interesse seiner Kommunikationsabsicht einnimmt (Autorfiktion). Der Autor ist also immer nur insoweit „im Text präsent" als es für die aktuelle Kommunikationssituation notwendig ist[17]. Der Umstand, dass es sich um eine Autorfiktion handelt, schließt die Möglichkeit pseudepigrapher Verfasserzuschreibungen ein. Wir müssen dann fragen, warum der Autor im Text die Rolle einer den Adressaten bekannten Autorität der frühen Christenheit einnimmt[18]. Im Lk und Joh erscheinen Autor-Ich bzw. Autoren-Wir nur in den Rahmenstücken Lk 1, 1–4 und Joh 21, 24, aber auch hier erfahren wir etwas über die Rolle, die der bzw. die Autoren sich im Hinblick auf ihre Adressaten zuschreiben.

Auch Texte bzw. Textabschnitte, die kein ausdrückliches Autor-Ich enthalten, geben uns Hinweise darauf, wie und als was der Autor verstanden werden wollte. Das geschieht zum einen dadurch, wie der „Erzähler" in den Evangelien und der Apostelgeschichte erzählt, was er weiß und zu verstehen gibt. Hier sind vor allem die Erzählerkommentare wichtig, die von kurzen Aufforderungen zur Aufmerksamkeit (z.b. Mk 13,14) über inhaltliche Erläuterungen (z.b. Mk 7,3f) bis zu theologischen Wertungen des Erzählten (z.b. Joh 20,9) reichen können. Sie sind Teil der so genannten auktorialen Erzählweise[19] der Evangelien. Mittels ihrer signalisieren ihre Autoren, dass sie sich dazu autorisiert sahen, ihre Erzählungen völlig anders zu gestalten, als das einem Augenzeugen möglich gewesen wäre. Sie etablieren sich so als zuverlässige Begleiter der Leser durch die erzählte Welt, die sie zugleich gezielt kommentieren.

Schließlich „verraten" uns die Texte auch etwas über ihre Autoren, wenn wir alle Textphänomene als „Zeichen einer einheitlichen und sinnvollen Kommunikationsabsicht lesen"[20]. Die als Urheber dieser Kommunikationsabsicht konstruierte Gestalt wird in der Literaturwissenschaft als „abstrakter" oder „impliziter" Autor bezeichnet, weil es sich um eine Abstraktion aus dem Text handelt, die nicht mit dem realen Autor identisch ist. Sie schließt z.B. ausdrücklich Textbefunde mit ein, die der Autor nicht bewusst oder aufgrund von Konventionen getroffen hat.

Auch von seinen intendierten Adressaten entwirft jeder Text ein Bild (Adressatenfiktion), das Aufschlüsse über die beabsichtigte Kommunikation ermöglicht. Wieder müssen wir zwischen der aus den expliziten

---

[17] Vgl. H. Link, Rezeptionsforschung, 21: „... aus dem Text erfahren wir über den Autor nur, was auch für den Text von Bedeutung ist.".

[18] Vgl. zur kommunikativen Funktion der Pseudepigraphie die Kapitel 4 und 5.2.

[19] Die auktoriale Erzählweise ist durch einen allwissenden und omnipräsenten Erzähler charakterisiert, der z.B. die Gedanken und Gefühle der Protagonisten der erzählten Welt kennt (vgl. Mk 2, 6–8). Allerdings hat seine Allwissenheit auch eschatologische Grenzen, vgl. Mk 13,32.

[20] H. Link, Rezeptionsforschung, 22.

Anreden der Adressaten im Text (z.B. Joh 19,35; 20,31; Röm 7,1) und der aus den Textphänomenen erschlossenen Adressatenfiktion unterscheiden. Letztere wird parallel zum impliziten Autor als „impliziter Leser" bezeichnet und ist die Summe der im Text vorausgesetzten Lese- und Verstehenskompetenzen. Wir müssen also fragen: Wie redet der Text die Leser[21] an, welche Kenntnisse setzt der Autor voraus, welche Werte und Überzeugungen teilt er mit den Adressaten?

Beispiel: Die Autor- und Adressatenfiktion des Paulus im Präskript des Röm
In der Superscriptio des Röm (1, 1–6) beschreibt Paulus seine Rolle den Lesern gegenüber insbesondere mit einer Reihe von drei Prädikaten. Die Reihe beginnt mit δοῦλος Χριστοῦ Ἰησοῦ / doûlos Christoū Jesoū – Sklave Christi Jesu. Der Apostel knüpft damit an den Sprachgebrauch der alttestamentlich-jüdischen Gebetsliteratur an[22]. Der Beter drückt dort seine vollkommene und exklusive Zugehörigkeit zu JHWH dadurch aus, dass er sich als dessen Sklaven (עבד) bezeichnet. Die Wendung עבד יהוה / äbäd JHWH – Sklave JHWHs gilt im Alten Testament und der frühjüdischen Literatur außerdem großen Gestalten der Vergangenheit, vor allem Mose[23] und den Propheten[24]. Dann wird sie geradezu zum Ehrentitel für Menschen, die in besonderer Weise der Offenbarung Gottes teilhaftig sind, und als solche eine „Sonderstellung im Verhältnis zu Gott"[25] haben.
Mit der Aufnahme dieser alttestamentlich-jüdischen Wendung setzt Paulus voraus, dass die Leser mit ihm ein Verhältnis zwischen dem Gläubigen und Gott bzw. Christus Jesus als Ideal ansehen, das sowohl bei den Griechen als auch bei den Römern eher als verächtlich galt. Zwar taucht der Gedanke des Dienstes an den Göttern etwa bei Epictet auf[26], doch fehlt bezeichnenderweise die Wendung δοῦλος θεοῦ. Das Ziel der Gottesverehrung ist vielmehr gerade die Freiheit von aller inneren und äußeren Bindung[27].
Das zweite Prädikat κλητὸς ἀπόστολος / klētos apostolos – berufener Apostel benennt die Funktion, in der er sich an die Adressaten wendet. Dabei greift das Attribut κλητός auf das vorangegangene Prädikat δοῦλος Χριστοῦ Ἰησοῦ insofern zurück, als Paulus betont, dass er seine Funktion einer (göttlichen) Berufung verdankt. Er fühlt sich nicht nur vollständig an seinen Herrn Χριστὸς Ἰησοῦ gebunden, sondern weiß sich aus dieser Bindung heraus zu einer besonderen Aufgabe berufen, deren Inhalt und Kriterium mit dem abschließenden dritten Prädikat ἀφωρισ-

---

[21] Dabei ist zu beachten, dass nicht jede Anrede einfach auf die Leser zielt. Innerhalb der erzählten Welt von Evangelien und Apostelgeschichte ist das ohnehin klar, aber auch in den Briefen werden gelegentlich fiktive Gesprächspartner eingeführt, die nicht unmittelbar mit den Adressaten identifiziert werden dürfen (z.B. Röm 2 1).

[22] Vgl. Ps. 19, 11.13; 27,9; 31,16; 1QH 7,16; 9,10f; 1QS 11,16 u.ö.

[23] Vgl. 2Kön 18,12; Dan 9,11; JosAnt 5.39 u.ö.

[24] Vgl. Esr 9,11; Jer 7,25; Ez 38,17; 1QpHab 2,9; 7,5 u.ö.

[25] H. Ringgren, Art. עבד, ThWAT V, 1001.

[26] Diss III, 22, 69.82.95.

[27] Diss III, 22, 49. Allerdings konnten Leser auch im rein römischen Kontext einen positiven Zugang zu der Selbstprädikation des Apostels haben. Als δοῦλος Χριστοῦ Ἰησοῦ beansprucht Paulus aus dieser Perspektive die Autorität, die in der römischen Verwaltungshierarchie einem servus Caesaris zukommt; vgl. M.J. Brown (Paul's use of ΔΟΥΛΟΣ ΧΡΙΣΤΟΥ ΙΗΣΟΥ in Romans 1:1, JBL 120 (2001), 723-737).

μένος εἰς εὐαγγέλιον θεοῦ / aphōrismenos eis euangelion theoū – ausgesondert für das Evangelium Gottes benannt ist. Zugleich partizipiert Paulus nach altorientalischem Botenrecht als Gesandter Christi Jesu an dessen Autorität[28]. Paulus versteht sich in der Tradition der alttestamentlichen Propheten[29] als von Christus bzw. Gott zu einer besonderen Aufgabe, der Verkündigung des εὐαγγὲλιον θεοῦ, „ausgesondert". Damit benennt er zugleich den Rahmen, in dem sich die Kommunikation zwischen ihm und den Adressaten bewegt. Er schreibt ihnen als Gesandter (ἀπόστολος) Christi Jesu und Verkünder des Evangeliums, dessen Quelle und Autorität Gott ist. Konsequenterweise fügt Paulus in den folgenden Versen eine knappe Zusammenfassung dieses Evangeliums an.

Der Relativsatz in V.2 benennt die dem Apostel offenbar wichtige und deshalb vorangestellte Beziehung des Evangeliums zu den „Heiligen Schriften". Das von Paulus verkündete Evangelium wurde von den Propheten, deren Zeugnis in den „Heiligen Schriften" seinen Niederschlag gefunden hat, „voraus angekündigt". Indem er ausdrücklich von „seinen", nämlich Gottes, Propheten spricht, wird deren „Vorausankündigung" zur Willensäußerung Gottes. Damit steht das Evangelium, zu dessen Verkündigung Paulus „ausgesondert" worden ist, in der Kontinuität göttlicher Verheißungen. Paulus räumt damit im Blick auf die Leser von vornherein jeden Zweifel aus, dass sein Evangelium etwa nicht dem in den Schriften manifesten Willen Gottes entsprechen könnte.

Die zweite Kennzeichnung des εὐαγγέλιον θεοῦ in den V. 3f bietet eine inhaltliche christologische Beschreibung. Die erste der beiden parallelen Phrasen knüpft dabei an V.2 an: der im Evangelium verkündete „Sohn Gottes" ist der in den Schriften voraus angekündigte Messias „aus dem Samen Davids". Allerdings ist er dies – man ist geneigt hinzuzufügen „nur" – „dem Fleische nach". Mit der Auferstehung hat ihn Gott (passivum divinum) zu seinem Sohn „in (Voll)Macht" eingesetzt.

Die Frage nach der Funktion dieser Aussagen in der brieflichen Kommunikation zwischen Paulus und den Lesern in Rom wird in der Forschung häufig mit der Annahme verbunden, hier zitiere der Apostel eine den Römern geläufige judenchristliche Tradition, um auf die gemeinsame Bekenntnisbasis zu verweisen. Diese Interpretation ist m.E. zu Recht von A.Reichert[30] in Frage gestellt worden. Weder lässt Paulus erkennen, dass er Tradition zitiert[31], noch kann einfach historisch vorausgesetzt werden, dass eine derartige Glaubensformel sowohl ihm als auch den Römern bekannt war und der Apostel darum wusste.

Die kommunikative Funktion der Verse 3f lässt sich vielmehr aus V.4b ableiten[32]. Dort bezeichnet der Apostel den von Gott in eine neue, himmlische Herrschaftsstellung eingesetzten Auferstandenen als κύριος ἡμῶν / kyrios hēmon – unseren Herrn. Mit dem im Rahmen der Superscriptio ungewöhnlichen „wir" schließt Paulus sich und die Adressaten als unter der Herrschaft des Sohnes Gottes stehend zusammen. Das ist die gemeinsame Basis, auf die er sich in seinem Schreiben beziehen kann.

Mit einem Relativsatz (V.5) lenkt Paulus zu seinem Auftrag zurück. „Gnade" und „Apostelamt", die er durch den von Gott zum universalen κύριος Erhöhten erhalten hat, sind auf den Glaubensgehorsam diesem Herrn gegenüber ἐν πᾶσιν τοῖς

---

[28] Vgl. den Rechtssatz der Mischna (Ber V, 5): „Der Gesandte eines Menschen ist wie dieser selbst.".
[29] Vgl. Jes 49,1; Jer 1,5.
[30] A.Reichert, Der Römerbrief als Gratwanderung. Eine Untersuchung zur Abfassungsproblematik, FRLANT 194, Göttingen 2001, 113.
[31] Die Leser in Rom hatten nicht wie die heutigen Exegeten andere Paulusbriefe zur Hand, um anhand des aus diesen eruierbaren Sprachgebrauchs des Apostels etwaig verwendete Traditionen aufzuspüren.
[32] A.Reichert, Gratwanderung, 114.

ἔθνεσιν / en pāsin tois ethnesin – bei allen Völkern gerichtet. Der universale Auftrag des Apostels folgt aus der universalen Machtstellung des Erhöhten[33]. Genau diesen inhaltlichen Zusammenhang will Paulus den Lesern offenbar vermitteln. Der Nachsatz in V.6 ist formal problematisch, da er durch die Nennung der Adressaten bereits auf die Adscriptio vorgreift und so das Briefformular im Grunde sprengt. Im Blick auf die briefliche Kommunikation wird man diesen Stilbruch als Aufmerksamkeitssignal interpretieren dürfen. Offenbar lag dem Autor besonders am Inhalt der so hervorgehobenen Aussage. Die Funktion des Relativsatzes innerhalb der Superscriptio ist deutlich: Da Paulus als berufener Apostel zu allen (Heiden)Völkern gesandt ist (V.5) und die Leser unter diese eingeordnet werden (V.6)[34], hat er das Recht, sich mit einem Brief an die Römer zu wenden, sie gehören gleichsam zu seinem Arbeitsgebiet. Diese Schlussfolgerung wird zwar nicht explizit ausgesprochen, legt sich durch den Kontext aber unbedingt nahe. Zugleich lässt der Autor keinen Zweifel daran, dass die Leser nicht als Missionsobjekte, sondern als Christen („Berufene Jesu Christi"), seine Kommunikationspartner sind.
In der Adscriptio nennt Paulus ausdrücklich alle Christen in Rom als Adressaten seines Briefes. Er wendet sich an sie als „Geliebte Gottes" und „Berufene Heilige". Damit unterstreicht der Apostel noch einmal, dass er die Leser des Briefes vorbehaltlos als Kommunikationspartner anerkennt[35]. Als „Heilige", also ganz zu Gott Gehörende, sind sie von ihm in den Raum seiner Liebe gerufen worden.
Mit dem das Präskript abschließenden Gruß spricht der Autor den Lesern „Gnade und Frieden" zu. Zugleich erinnert er sie daran, dass diese Güter, die gelingendes Leben ausmachen, (allein) von dem Gott, der den Glaubenden[36] zum Vater geworden ist, und dem κύριος Jesus Christus her kommen.

Aufgaben: Lesen Sie Joh 19,35, suchen Sie vergleichbare Stellen im Joh und überlegen Sie, welche Autorfiktion hier vorliegt!
Welche Adressatenfiktion entwirft der Verfasser des Jak, wenn er die Empfänger seines Briefes in 1,1 als „die 12 Stämme in der Diaspora" anredet?

Literatur:
Die zu Kapitel 2.2. genannten wissenschaftlichen Kommentare
H. Link, Rezeptionsforschung. Eine Einführung in Methoden und Probleme, UT 215, Stuttgart u.a. [2]1980 (für den theoretischen Hintergrund)

---

[33] Vgl. A.Reichert, Gratwanderung, 115.
[34] Damit trifft Paulus selbstverständlich keine Aussage über die ethnische Zusammensetzung der Gemeinde.
[35] Angesichts des Standes der exegetischen Diskussion ist es beinahe schon überflüssig geworden, darauf hinzuweisen, dass aus dem Fehlen der Bezeichnung ἐκκλησία nicht gefolgert werden darf, Paulus würde der Gemeinde in Rom absprechen, Gemeinde Jesu Christi im vollen Sinne zu sein (vgl. Phil 1,1, wo ἐκκλησία ebenfalls fehlt).
[36] Wie in V.4 schließt sich Paulus mit den Lesern zusammen, um so die gemeinsame Basis zu benennen.

3.3.3. Worum geht es – die Pragmatik der Texte

Wir haben schon gesehen[1], dass Sprache benutzt wird und Texte verfasst werden, um etwas zu bewirken. Man kann auch von einem „Handeln" an den intendierten Adressaten sprechen. Die Frage nach der Pragmatik eines Textes untersucht also, wie Sprache in ihm gebraucht wird und welche Arten von Sprachhandlungen sein Autor einsetzt[2], wie er seine intendierten Adressaten zu lenken sucht.

Von den verschiedenen in der Linguistik diskutierten Aspekten der Pragmatik sind für unsere Belange zusätzlich zu den oben genannten Basisfunktionen von Texten vor allem zwei Aspekte hilfreich – Präsupposition und Implikatur.
Die Präsupposition bezeichnet die impliziten Voraussetzungen einer Aussage, d.h. der Begriff beschreibt die in einem Satz enthaltenen Informationen, die in ihm nicht explizit aufgeführt sind. Bei der Interpretation neutestamentlicher Texte ist die Beachtung der Präsuppositionen eines Textes in doppelter Hinsicht wichtig. Eine Reihe von impliziten Voraussetzungen unserer Texte ist unter aktuellen Rezeptionsbedingungen nicht mehr selbstverständlich, z.B. die Gewissheit der Existenz Gottes. Eventuell nehmen wir als in der Wirkungsgeschichte dieser Texte stehend die Nichtselbstverständlichkeit dieser Präsuppositionen in unserer Zeit nicht einmal wahr. Die Beachtung der impliziten Informationen der Texte kann aber auch helfen, ihrer Pragmatik in den ursprünglichen Kommunikationssituationen auf die Spur zu kommen.

Beispiel: Die Vollmachtsfrage Mk 11,28
Die Frage der jüdischen Autoritäten „In welcher Machtbefugnis tust du diese Dinge?" setzt voraus, dass niemand derartige Taten (im unmittelbaren Kontext: Tempelreinigung) aus eigener Kraft tut. Erst aufgrund dieser Präsupposition ist die weitere Diskussion sinnvoll, die in der Allegorie von den Weinbergpächtern und ihrer Auslegung gipfelt (s.o.).

Unter der Implikatur eines Textes versteht man einen Bedeutungsaspekt, der vom Text zwar kommuniziert wird, den der Autor aber nur andeutet und nicht explizit sagt. Wir unterscheiden dabei zwischen Implikaturen, die von der Kommunikationssituation unabhängig sind, und solchen, die erst durch diese möglich werden.

---

[1] Vgl. oben S. 14f.
[2] Dieser Aspekt von Sprache ist erstmals 1955 von J.L. Austin in einer berühmten Vorlesungsreihe an der Harvard-Universität ins Bewusstsein gerückt worden, die den Titel „How to do Things with Words" trug (dt.: Zur Theorie der Sprechakte. How to do Things with Words, RUB 9396, Stuttgart ²2002). Austins Ansatz ist dann von seinem Schüler J.R. Searle weiter entwickelt worden (dt.: Sprechakte. Ein sprachphilosophischer Essay, Stuttgart 2003).

Beispiele:
Röm 15,24 – Paulus äußert den Römern gegenüber die Hoffnung, von ihnen auf dem Weg nach Spanien „begleitet" zu werden. Der verwendete Ausdruck kommuniziert zugleich die Erwartung, dass die Römer auch für die entsprechende Reiseausstattung sorgen werden.

Hebr 5,11 – Den intendierten Adressaten wird gesagt, sie seien „schwerhörig" geworden. Die Implikatur wird erkennbar, wenn man sich den Charakter des Hebr als „Mahnrede" (13,22) vor Augen hält. Der Verfasser macht sie in 6,11f explizit.

Bei der Analyse der Pragmatik von Texten müssen wir zunächst fragen, ob der Autor selbst über die Intention seines Textes Rechenschaft ablegt. Das erfolgt häufig am Anfang oder Ende eines Werkes (s.o. S. 15), kann aber gelegentlich auch mitten in einem Text geschehen.

Beispiel: Hebr 6, 1–3
Der Verfasser des Hebr sagt ausdrücklich, dass es ihm nicht darum geht, erneut die Grundlagen des Glaubens darzustellen, sondern dass er sich dem „Vollkommenen" (V. 1) zuwenden wolle.

In den neutestamentlichen Briefen finden sich darüber hinaus direkte Anreden der intendierten Adressaten in Form von Imperativen, Warnungen, Drohungen usw. Hier wird die intendierte Wirkung des Textes unmittelbar in seiner sprachlichen Form erkennbar.

Beispiel: 2Kor 13, 11
Die Schlussmahnung des 2Kor spricht die Korinther direkt an und bringt das argumentative und rhetorische Feuerwerk der vorangegangenen Kapitel quasi auf den Punkt.

Häufig wird die beabsichtigte Leserlenkung aber erst deutlich, wenn wir die Argumentation eines Briefabschnittes im Ganzen charakterisieren. Nach welchem Muster verläuft sie, welche Art von Kommunikation intendiert sie? Hier ist der Rückgriff auf die vorangegangenen Analyseschritte unabdingbar!

Beispiel: Röm 12,1 – 15,6 (13)
Erst der Blick auf die gesamte Argumentation zeigt, dass es Paulus nicht darum geht, den Streit um die Tischgemeinschaft in Rom theologisch zu lösen, obwohl etwa 14,14 diesen Eindruck erwecken könnte. Vor allem der letzte Argumentationsgang 15, 1–6 macht demgegenüber deutlich, dass das Anliegen des Apostels darin besteht, die Einheit der Gemeinde zu waren.

Aufgabe:
Beschreiben Sie das Ziel der paulinischen Argumentation in 1Kor 1,18 – 2,5!

Schließlich sind auch Basiskenntnisse der antiken Rhetorik hilfreich. Zwar war kein neutestamentlicher Autor professionell ausgebildeter

Rhetor, aber bestimmte rhetorische Konventionen werden vor allem in den Briefen gern verwendet.

Beispiel: Röm 1,8
Paulus beginnt das Proömium des Röm in 1,8 mit einer so genannten captatio bene-volentiae (wrtl. „Haschen nach Wohlwollen"), die dazu dient, der Kommunikation von vornherein einen positiven Grundton zu geben.

Schwieriger zu erkennen ist die Pragmatik narrativer Texte. Gelegent-lich greifen die Autoren zum oben (S. 15) schon genannten Mittel des Erzählerkommentars, der dem intendierten Adressaten die Absicht des Erzählten vor Augen führen soll.
Wir müssen auch fragen, ob Informationen, Anweisungen o.ä., die in-nerhalb der erzählten Welt ergehen, über diese hinaus indirekt an die intendierten Leser gerichtet sind. Das wird immer dann besonders wahr-scheinlich, wenn die Adressaten innerhalb der erzählten Welt als Identi-fikationsfiguren für den intendierten Leser dienen.

Beispiel: Mt 5,20
Der Satz ist innerhalb der erzählten Welt an die Hörer der Bergpredigt gerichtet. Da unter ihnen in 5,1 ausdrücklich die Jünger genannt werden, die im Matthäusevange-lium als Repräsentanten der Gemeinde fungieren, richtet sich die Mahnung mittelbar an die intendierten Leser.

Schließlich kann die Art der Erzählung selbst zum Mittel der Leserlen-kung werden. Das geschieht zum einen dann, wenn – wie schon erwähnt – so erzählt wird, dass sich der Leser (unbewusst) mit einer Person oder Personengruppe identifiziert. Zum anderen kann die Erzählung auch po-sitive oder negative Vorbilder anbieten, die den intendierten Leser zu entsprechender Positionierung animieren sollen.

Beispiele:
Lk 10, 25–37 – Der barmherzige Samaritaner
Der Samaritaner dient als positives Beispiel für einen Menschen, der sich eines in einer Notlage befindlichen Nächsten erbarmt. Die Intention der Beispielgeschichte wird durch den Schlusssatz Jesu in V. 27 noch verstärkt.

Die Jünger im Markusevangelium
Die Jünger werden im Mk zunächst als Identifikationsfiguren „aufgebaut" (Beru-fungsgeschichten 1, 16–20; „Gleichnistheorie" 4, 10–12). Schon bald aber wird mit zunehmender Intensität konstatiert, dass sie Jesus nicht verstehen (4,41; 6,52). Auf die Leidensankündigungen Jesu reagieren sie schließlich mit völligem Unverständ-nis (8, 31–33; 9, 30–34; 10, 32–37) und verleugnen ihn angesichts seines drohenden Todes (14, 66–72; vgl. 15,40f). Das Bekenntnis unter dem Kreuz spricht ein (nicht-jüdischer) Centurio (15,39).
Auf diese Weise werden die intendierten Leser dazu geführt, sich von den Identifi-kationsfiguren zu lösen und eine eigene Position zu finden. Diese wird ihnen durch weitere Strategien des Autors vermittelt, z.B. weiß er seit 1,11, wer Jesus ist.

Aufgabe:
Untersuchen Sie die Pragmatik der Erzählung vom Blindgeborenen in Joh 9, 1–38!

Literatur:
R. Dillmann, M. Grilli, C. Mira Paz (Hrsg.), Vom Text zum Leser. Theorie und Praxis einer handlungsorientierten Bibelauslegung, SBS 193, Stuttgart 2002
H. Frankemölle, Biblische Handlungsanweisungen: Beispiele pragmatischer Exegese, Mainz 1983
P. Lampe, Rhetorische Analyse paulinischer Texte - Quo vadit? Methodologische Überlegungen, in: D. Sänger, M. Konradt (Hrsg.), Das Gesetz im frühen Judentum und im Neuen Testament. FS Chr. Burchard, NTOA/StUNT 57, Göttingen/Fribourg 2006, 170-190
S.C. Levinson, Pragmatik, Tübingen [3]2000
J. Meibauer, Pragmatik: eine Einführung, Tübingen [2]2001
Ø. Andersen, Im Garten der Rhetorik. Die Kunst der Rede in der Antike, Darmstadt 2001 (Literatur!)

4. Vorgeschichten

Alle neutestamentlichen Texte sind das Ergebnis literarischer Entstehungsgeschichten im Wechselspiel von Textrezeption und Textproduktion. Ihre Autoren nehmen in ihren Schriften in unterschiedlichster Art und Weise auf ältere Texte Bezug[1]. Häufig geschieht das dergestalt, dass ganze Texte oder einzelne Textpassagen einfach in das neue Werk integriert werden. Diese Traditionen können den Verfassern sowohl in mündlicher als auch in schriftlicher Form vorgelegen haben. Es ist eher die Ausnahme, solche Textübernahmen ausdrücklich als Zitat zu kennzeichnen. Wir dürfen ein solches Vorgehen nicht mit unseren Begriffen von geistigem Eigentum messen. Gerade in der biblischen Literatur erfolgt die produktive Auseinandersetzung mit der Tradition üblicherweise auf dem Wege des Weiterschreibens alter Texte (vgl. z.B. Jes). Auf diese Weise reiht man sich bewusst in die Auslegungs- und Wirkungsgeschichte der theologischen Väter ein.
Wir müssen auch mit der Möglichkeit rechnen, dass ein bereits schriftlich vorliegendes Werk im Zuge seiner Verwendung in frühchristlichen Kreisen von einem Redaktor überarbeitet bzw. erweitert worden ist. So wird in der Forschung weithin davon ausgegangen, dass es sich bei Joh 21 um den Nachtrag einer Redaktion handelt. Strittig ist hingegen, ob diese Redaktion auch durch Einfügungen (Interpolationen), Umstellungen oder kommentierende Bemerkungen die Kapitel 1–20 bearbeitet hat.

Die Gründe für die Aufnahme von Tradition sind sehr unterschiedlich. So kann die Zitation alter Überlieferung der Legitimation der eigenen Position bzw. deren Begründung aus als autoritativ geltenden Texten gelten. Diese Funktion haben in der Regel Schriftzitate (vgl. z.B. das umfangreiche [Misch]zitat Röm 3, 10–18). Aber auch wenn Paulus in 1Kor 11,23a die in V. 23b–25 folgende Abendmahlsüberlieferung mit den Worten „denn ich habe vom Herrn empfangen" einleitet, verfolgt er die Absicht, seinen Einlassungen zur korinthischen Herrenmahlspraxis entsprechendes Gewicht zu verleihen (vgl. 1Kor 15, 3–7). Ähnlich verfährt Lukas, wenn er am Beginn seines Evangeliums darauf verweist, er habe auf die Überlieferung derer zurückgegriffen, die „von Anfang an Augenzeugen und Diener des Wortes" gewesen seien (Lk 1,2).

---

[1] Detaillierter wird diesem Phänomen in Kapitel 5.2. nachgegangen.

Ältere Texte können auch aufgegriffen werden, um ihre überlieferte oder von bestimmten Gruppen vertretene Interpretation zu korrigieren. So verweist der Verfasser des 2Thess in 2,2 darauf, dass seine „Gegner" sich auf einen Paulusbrief berufen (vgl. 2Petr 3,16). Der gesamte Brief soll angesichts dieser Problemlage offenbar dazu dienen, die paulinische Eschatologie unter Berücksichtigung der Erfahrung der sich dehnenden Zeit und in Auseinandersetzung mit der Position der „Gegner" (vgl. 2Thess 2,2 – „als ob der der Tag des Herrn bereits da sei") neu zu justieren und diese Interpretation zugleich durch den Rückgriff auf den 1Thess zu autorisieren[2]. Dazu übernimmt der Verfasser einzelne Passagen dieses Briefes beinahe wörtlich, ohne dies im Text zu markieren (vgl. 1,1f mit 1Thess 1,1; 2,16 mit 1Thess 3,11 usw.).

Die Verfasser des Epheserbriefes und des 2. Petrusbriefes übernehmen ebenso umfangreiche Abschnitte aus älteren Schreiben. Im Eph ist der Kol verwendet worden, während der Autor des 2Petr auf den Jud zurückgreift. In beiden Fällen ist nicht unmittelbar erkennbar, ob damit eine besondere Intention verbunden ist.

Bei einigen Paulusbriefen, insbesondere bei 2Kor und Phil, wird in der Forschung darüber diskutiert, ob der im Neuen Testament überlieferte Text durch die redaktionelle Zusammenfügung mehrerer ursprünglich selbständiger Briefe entstanden ist.

Bei den Evangelien stellt sich die Sachlage aufgrund ihrer literarischen Form differenzierter dar.

Auch hier finden sich literarische Abhängigkeiten. Sowohl Mt als auch Lk verwenden offenbar Mk als „Vorlage", d.h. sie übernehmen nicht nur weitgehend den Aufriss des älteren Evangeliums, sondern auch mehr oder minder wörtlich den Löwenanteil seines Textes. Daneben haben sie offenbar eine weitere (uns als selbständiger Text nicht überlieferte) gemeinsame Quelle verwendet, die in der Forschung aufgrund ihrer rekonstruierbaren literarischen Eigenart als „Logienquelle" bezeichnet wird[3]. Der übrige Text, für den es keine Parallelen bei einem der anderen Synoptiker gibt, wird als Sondergut des entsprechenden Evangeliums bezeichnet.

Strittig ist, inwieweit das Joh literarisch von den übrigen Evangelien abhängig ist. Sicher scheint nur, dass sein Autor die synoptische Überlieferung kannte. So stimmt die in Joh 6, 1–21 gebotene Perikopenfolge

---

[2] Diese Vorgehensweise ist in den deuteropaulinischen Briefen häufig; vgl. A. Merz, Die fiktive Selbstauslegung des Paulus. Intertextuelle Studien zur Intention und Rezeption der Pastoralbriefe, NTOA 52, Göttingen/Fribourg 2004; E. Reinmuth, Exkurs „Zur neutestamentlichen Paulus-Pseudepigraphie" in: N. Walter, E. Reinmuth, P. Lampe, Die Briefe an die Philipper, Thessalonicher und an Philemon, NTD 8.2, Göttingen 1998, 190-202; zur Pseudepigraphie allgemein vgl. Kapitel 3.3.2.

[3] Die so genannte Zweiquellentheorie wird von uns in diesem Buch vorausgesetzt, weil wir sie für das Erklärungsmodell halten, das sich in der exegetischen Diskussion des synoptischen Problems am besten bewährt hat.

Speisungsgeschichte – Seewandel mit der Erzählabfolge in Mt und Mk überein (vgl. Mk 6, 35–52 par). Auch der Verweis auf die Salbung Jesu durch Maria in Joh 11,2 ist nur verständlich, wenn der Autor (und seine Leser) die Episode bereits kennen (vgl. insbes. Lk 7, 36–50), da sie im Joh erst in 12, 3–8 erzählt wird. Bei der Verwendung mündlicher Traditionen muss ebenfalls zwischen Joh und den Synoptikern unterschieden werden. Die redaktionelle Arbeit der Verfasser der synoptischen Evangelien Mk, Mt und Lk bestand anscheinend vor allem darin, mündliche (und in unterschiedlichem Maß [s.o.] auch schriftliche) Einzeltraditionen oder kleinere Sammlungen zu einem narrativen Geflecht mit einer bestimmten theologischen Ausrichtung zusammenzufügen. Der Autor des Joh hingegen nutzt die mündliche Überlieferung häufig quasi als Einstieg, um von ihr aus seinen Text zu entfalten (vgl. z.b. die traditionelle Wundergeschichte Joh 5, 2–8a mit ihrer zweistufigen Entfaltung in 5, 8b–16. 17–47).

Die Frage nach der Vorgeschichte der neutestamentlichen Texte hat immer eine doppelte Funktion. Zum einen dient sie der Identifizierung von Textpassagen, die die Verfasser aus schriftlichen oder mündlichen Quellen übernommen haben, und versucht deren theologische Eigenart und Komunikationssituation zu beschreiben. Zugleich wird nach redaktionellen Einfügungen gesucht, d.h. man versucht, die Textpassagen zu identifizieren, die von den Verfassern der Texte (Redaktoren) eingearbeitet wurden. Zum anderen ist zu klären, wie und mit welcher Intention die Traditionen in den neuen Text integriert worden sind bzw. welche Absicht die redaktionelle Überarbeitung eines älteren Textes verfolgt. Generell wird man allerdings sagen müssen, dass eine wörtliche Rekonstruktion der verwendeten Traditionen aufgrund der intensiven redaktionellen Arbeit der neutestamentlichen Autoren nur in Ausnahmefällen zumindest annähernd möglich ist (z.B. Mt 3, 7–12 par Lk 3, 7–9.15–18 – die Bußpredigt des Täufers aus Q; 1Kor 11, 23b–25 – Abendmahlsüberlieferung). Viel häufiger sind zwar die Detailstruktur der verwendeten Quelle und ihre Leitbegriffe erkennbar, nicht aber ihr Wortlaut im engeren Sinne (z.B. Mt 25, 14–30 par. Lk 19, 12–27 – das Gleichnis von den anvertrauten Talenten / Minen aus Q). Gilt diese Einschränkung schon für schriftliche Quellen, so umso mehr für mündliche Überlieferungen.

4.1. Die schriftliche Textgeschichte

Jede Untersuchung der Vorgeschichte von Texten setzt bei möglichen Inkohärenzsignalen im Text an, d.h. allgemein gesprochen bei Unterbrechungen des Textzusammenhangs[4]. Dieser (notwendige) Ansatz birgt

---

[4] Vgl. die oben S.14 genannten Textmerkmale.

allerdings die Gefahr in sich, dass wir unsere modernen Maßstäbe von Logik und Kohärenz in die antiken Texte eintragen. Deshalb berechtigt erst die Häufung verschiedener konvergierender Inkohärenzsignale in einem Text und ihre Dominanz gegenüber den Kohärenzfaktoren zur Annahme verwendeter Quellen bzw. schriftlicher Überarbeitung. Zudem muss immer gefragt werden, ob die gemachten Beobachtungen nicht auch als bewusst eingesetzte leserlenkende Stilmittel des Autors verstanden werden können.

Die Analyse der Quellenverwendung in einem neutestamentlichen Text gestaltet sich natürlich immer dann am einfachsten, wenn die verwendete Quelle ebenfalls überliefert ist. Das ist innerneutestamentlich z.B. beim Matthäus- und Lukasevangelium (verwendete Quelle Markusevangelium[5]) sowie beim Epheserbrief (verwendete Quelle Kolosserbrief) und 2. Petrusbrief (verwendete Quelle Judasbrief) der Fall (s.o.).

Aufgabe: Suchen Sie die Passagen des Kolosserbriefes, die der Verfasser des Epheserbriefes in seinen Text übernommen hat! Welche Änderungen hat er vorgenommen?

Ein Spezialproblem stellt die in der Zweiquellentheorie angenommene zweite gemeinsame Quelle von Matthäus- und Lukasevangelium, die Logienquelle Q, dar. Da uns diese Quelle nicht überliefert ist, kann nur der Versuch unternommen werden, die ihr zuzuordnenden Texte aus den Passagen von Matthäus- und Lukasevangelium zu rekonstruieren, in denen diese über das Markusevangelium hinaus parallel gehen. Für den Vergleich der entsprechenden Textpassagen nutzt man am besten eine Synopse, in der diese parallel abgedruckt sind – häufig schon unter Hervorhebung der Übereinstimmungen. Abschnitte eines Textes, bei denen Matthäus- und Lukasevangelium wörtlich oder zumindest inhaltlich übereinstimmen, können mit hoher Wahrscheinlichkeit für Q reklamiert werden. Die übrigen Textteile müssen differenziert daraufhin befragt werden, ob sie bei beiden Evangelien auf die redaktionelle Arbeit der Verfasser zurückzuführen sind oder ob einer der beiden Autoren weiteres Material aus Q übernommen hat, das in der Parallele fehlt.

Beispiel: Mt 8, 5–13 par Lk 7, 1–10 – Der Centurio (Hauptmann) von Kapernaum. Der Blick in die Synopse zeigt, dass der Text in bestimmten Passagen (Mt 8, 8–10; Lk 7, 6–9) fast wörtlich übereinstimmt. Daneben finden sich aber auch gravierende Unterschiede: Im Lukasevangelium findet kein direktes Gespräch zwischen dem Centurio und Jesus statt, sondern ersterer schickt zwei Gesandtschaften zu Jesus (Lk 7,3 – „Älteste der Juden"; Lk 7,6 – „Freunde"). Die von den Ältesten gebotene Begründung für die Bitte um Heilung des Sklaven des Centurio (Lk 7,5) fehlt bei Matthäus vollständig. Das Matthäusevangelium bietet über die Erzählung bei Lukas hinaus den eschatologischen Ausblick 8, 11–13a mit der abschließenden Zusage

---

[5] Für den Textvergleich zwischen Matthäusevangelium bzw. Lukasevangelium und Markusevangelium empfiehlt sich die Arbeit mit einer Synopse (s.u.)

8,13b. Für die eschatologische Passage findet sich eine Parallele in Lk 13,28f.
Schließlich fällt noch auf, dass sich in Joh 4, 46b–54 eine Heilungsgeschichte findet, die starke strukturelle Parallelen zu unserem Text aufweist.
Die weitgehenden wörtlichen Parallelen zwischen Matthäusevangelium und Lukasevangelium legen nahe, dass beide die Heilungsgeschichte aus einer gemeinsamen (vermutlich) schriftlichen Quelle, also wahrscheinlich Q, übernommen haben. Die Einfügung der eschatologischen Passage Mt 8, 11–13a dürfte auf die redaktionelle Arbeit des Evangelisten zurückgehen, der die ebenfalls aus Q stammenden Verse in den neuen Kontext gestellt hat, um auf diese Weise in der Zuwendung Jesu an einen Nichtjuden die grundsätzliche Kritik an den „Söhnen der Königsherrschaft (Gottes)", d.h. Israel, in den Blick zu nehmen (vgl. Mt 22, 33–43). Auch das Glaubensmotiv in Mt 8,13b verdankt sich vermutlich der matthäischen Redaktion. Der Evangelist betont in Heilungsgeschichten häufig den Glauben der Geheilten bzw. Bittenden (z.B. Mt 9,22 durch Streichung aller magischen Züge).
Die doppelte Gesandtschaft des Centurio an Jesus dürfte hingegen auf das Konto der lukanischen Redaktion gehen. Die Charakterisierung des Centurio ähnelt stark der in Apg 10,2 für Cornelius gebotenen.
Kleinere Differenzen in der Erzählung gehen teilweise auf die genannten größeren redaktionellen Eingriffe zurück. Die Bezeichnung des Geheilten als παῖς / paîs – Kind oder Diener bei Matthäus dürfte als der weniger eindeutige Terminus gegenüber dem δοῦλος / doûlos – Sklaven bei Lukas ursprünglich sein.
Umstritten ist, inwieweit die johanneische Erzählung in die Vorgeschichte des Textes gehört, oder ob es sich um eine gegenüber den Synoptikern sekundäre Version handelt. Im ersteren Falle wäre sie ein Beleg für eine alte mündliche Tradition mit dem erzählerischen Grundgerüst: Jesus begegnet einem Mann, der um sein Kommen bittet, damit er seinen schwerkranken Sohn / Diener heile; aufgrund des Glaubens des Mannes sagt Jesus die Heilung an (Fernheilung!); der Mann findet bei seiner Rückkehr den Sohn / Diener geheilt vor. Im zweiten Falle wäre die Erzählung ein Hinweis darauf, dass Johannes synoptische Traditionen in sekundär mündlicher Gestalt verwendet hat. Für diese Alternative könnte sprechen, dass in Joh 4,52f wie in Mt 8,13 betont wird, die Heilung sei zur Stunde der Heilungszusage Jesu erfolgt.

Wenn weder die verwendeten Quellen noch Paralleltexte überliefert sind, sind wir bei der Frage nach einer eventuellen schriftlichen Textgeschichte vollständig auf Inkohärenzsignale im Text angewiesen. Die wichtigsten Indizien sind:
- Im Text werden nicht miteinander vereinbare Problemlagen oder Kommunikationssituationen vorausgesetzt (z.B. setzen die Kollektenkapitel 2Kor 8f ein vertrauensvolles Verhältnis zwischen Paulus und der korinthischen Gemeinde voraus, während die zugespitzte Polemik in 2Kor 10–13 dieses Verhältnis als nachhaltig gestört ansieht);
- Im Text finden sich argumentative oder narrative Brüche, Spannungen oder Widersprüche (z.B. befindet sich Jesus in Joh 5, 1-46 in Jerusalem, während er in Joh 6,1 plötzlich vom Ufer des Sees Genezareth weg wandert; Röm 7,25b bietet eine Zusammenfassung des vorangegangenen Textes, die in theologischer Spannung zu ihm steht und den Zusammenhang zwischen 7,25a und 8,1 unterbricht);
- Im Text treten in auffälliger Weise Wiederholungen auf, für die keine erzähltechnischen oder rhetorischen Gründe erkennbar sind (z.B. doppelte Bestrafung des dritten Sklaven in Mt 25, 28.30);

- Ein Text besteht aus Elementen verschiedener literarischer Gattungen bzw. enthält für seine literarische Gattung eigentlich untypische Elemente (z.b. endet das Gleichnis von den Arbeitern im Weinberg [Mt 20, 1–16] mit einer Sentenz [V.16]);
- Im Text begegnen Motive oder einzelne Termini, die für den betreffenden Autor untypisch sind bzw. im Extremfall nur an dieser einen Stelle überhaupt im Neuen Testament gebraucht werden (z.b. Βελιάο / Beliar als Bezeichnung für den Gegenspieler Christi in 2Kor 6,15);
- Innerhalb des Textes gibt es signifikante Verschiebungen in der Bedeutung einzelner Termini oder Motive (z.b. werden in Mk 7,19b die voran stehenden Worte Jesu dahingehend interpretiert, er habe alle Speisen für rein erklären wollen; der Kontext lebt aber von dem Gegensatz: nicht Speisen verunreinigen, sondern die Worte und Taten der Menschen, d.h. die jüdischen Speisegebote sind irrelevant).

Treten solche Inkohärenzsignale gehäuft in einem Text auf und treten die Kohärenzfaktoren demgegenüber zurück, ist die Annahme einer schriftlichen Quelle oder einer redaktionellen Bearbeitung des Textes plausibel. Stets ist jedoch zu fragen, ob es auch andere Erklärungen für die beobachteten Indizien gibt.

4.2. Die mündliche Vorgeschichte von Texten

Neben schriftlichen Quellen haben die Autoren der neutestamentlichen Schriften wie oben schon erwähnt auch auf mündliche Traditionen zurückgegriffen und sie in ihre Texte integriert. Bei der Suche nach entsprechendem Material ist wiederum zwischen den Evangelien und den übrigen Schriften zu unterscheiden. Während die Evangelisten offensichtlich direkt aus einem breiten Strom mündlicher Überlieferung schöpfen (das gilt bei Mt und Lk natürlich vor allem für das Sondergut), rezipieren die Verfasser der Briefe zwar ebenfalls mündlich umlaufenden Traditionen, greifen aber nur relativ selten in Form direkter Übernahme bzw. ausdrücklicher Zitation (z.B. 1Kor 15,3ff s.o.) auf sie zurück.

Für die Identifikation mündlicher Traditionsstücke gelten prinzipiell die gleichen Indizien wie bei der Suche nach schriftlichen Quellen. Zudem kann auch hier die Existenz von Parallelen auf entsprechendes Material hinweisen (prominentestes Beispiel ist die Überlieferung der Abendmahlsworte Jesu).

In den Evangelien können wir bei der Bestimmung des mutmaßlichen Umfangs ursprünglich mündlich überlieferter Traditionen davon ausgehen, dass sich die redaktionelle Arbeit der Evangelisten insbesondere auf den Rahmen der mündlich überlieferten Einzelerzählungen bezog, da sie diese zu einem großen Erzählfaden zusammenfügten. Eher untauglich für die Frage nach der ursprünglichen Gestalt mündlicher Überlieferung ist hingegen u.E. die Orientierung an der literarischen Form, zumal wenn es sich um umfangreichere Gattungen handelt, da diese auch schon auf der Stufe mündlicher Tradition flexibel sind und insofern nicht als idealtypische Größe zur Orientierung genutzt werden kann.

Im konkreten Einzelfall ist es – insbesondere in den Evangelien – nicht immer möglich, sicher zwischen mündlicher Tradition und schriftlicher Quelle zu unterscheiden. Das liegt zum einen an der redaktionellen Arbeit der Verfasser, die z.T. schriftliche Quellen so intensiv überformen, dass sie als solche kaum noch erkennbar sind (das gilt in besonderer Weise für das Joh). Zum anderen hat es offenbar mündliche Überlieferungskomplexe gegeben, deren sprachliche Gestalt relativ stark fixiert war. Das gilt insbesondere dann, wenn sie eine leicht zu memorierenden literarische Form hatten (z.b. Sentenzen, Chrien).

Beispiel: Die Tradition vom Völkergastmahl Mt 8,11f par Lk 13,28f
Wie oben schon festgestellt, finden sich in Mt und Lk zwei Versionen der Tradition vom Völkergastmahl, die die Evangelisten aufgrund ihrer großen sprachlichen Nähe aus Q übernommen haben dürften.
Beim Vergleich beider Texte zeigt sich, dass der Spruch bei Mt die Gestalt eines antithetischen Parallelismus hat. Deshalb kann man mit Recht annehmen, hier habe sich die ursprüngliche mündliche Sprachgestalt erhalten, während Lk eine an den schriftlichen Kontext angepasste literarische Form bietet.

Brüche, Spannungen und Widersprüche auf der syntaktischen Ebene weisen eher auf die Übernahme einer schriftlichen Quelle hin. Gleiches gilt, wenn sich der entsprechende Text als Teil einer größeren Einheit (z.b. Passionsgeschichte) erweist. Schwierig wird die Entscheidung aber schon wieder bei Sammlungen, etwa von Gleichnissen, da es solche anscheinend auch in der mündlichen Überlieferung gegeben hat (z.b. Mk 4, 3–32).

4.3. Die redaktionelle Arbeit der Verfasser

Zur Rekonstruktion der schriftlichen Textgeschichte gehört auch die Analyse der literarischen und theologischen Prinzipien, nach denen die Verfasser ihre Quellen in den Endtext integriert haben bzw. die sie bei der redaktionellen Bearbeitung eines vorliegenden Textes leiteten. Im Rahmen der „klassischen" historisch-kritischen Methoden spricht man von Redaktionsgeschichte bzw. -kritik.

Hier sind die Erkenntnisse unabdingbar, die wir bei der Frage nach der Abgrenzung des Textes (Abschnitt 3.2.) gewonnen haben. Dazu kommen die Beobachtungen, die beim Vergleich mit überlieferten Quellen oder Parallelen gewonnen werden können. Wo und wie hat ein Autor seine Quelle verändert bzw. bearbeitet? Wo nimmt er Erweiterungen vor? Finden sich sprachliche Wendungen und/oder theologische Motive, die für den Gesamttext und seine Intention typisch sind? Welche redaktionellen Interessen lassen sich aus den Veränderungen an der schriftlichen oder mündlichen Tradition ableiten? Gibt es Hinweise auf ihr gegenüber veränderte Problemlagen?

Beispiel: Mt 21, 12–17 – die matthäische Version der Tempelreinigung
Im Vergleich der mätthäischen Version der Erzählung von der Tempelreinigung Jesu mit der Vorlage in Mk 11, 15–19 zeigen sich signifikante Unterschiede. Nachdem Matthäus zunächst betont, dass Jesus „alle" Händler aus dem Heiligtum vertrieben habe (V. 12), streicht er Mk 11,16. Die Gründe dafür sind nicht ohne weiteres erkennbar. Da der Vers auch bei Lukas fehlt, könnte er sogar in dem von den beiden Seitenreferenten verwendeten Markustext gefehlt haben. Möglicherweise haben sie den Vers aber auch unabhängig voneinander getilgt, weil ihnen seine Aussage unverständlich bzw. überflüssig erschien.
Auffälligerweise fehlt ebenso bei Matthäus und Lukas im Jesajazitat die Wendung πᾶσιν τοῖς ἔθνεσιν / pāsin tois ethnesin – für alle Völker. Bei Matthäus ist diese Weglassung unmittelbar stimmig, weil er die Sendung Jesu während seines irdischen Wirkens nur an „die verlorenen Schafe Israels" (15,24; vgl. 10,6) gerichtet sieht.
Im Anschluss an das Zitat erweitert Matthäus den Text seiner Quelle erheblich. Zunächst erzählt er die Heilung von Blinden und Lahmen durch Jesus im Tempel (V. 14), dann entbrennt eine Auseinandersetzung zwischen den Hohenpriestern und Jesus über den messianischen Lobpreis von Kindern (V. 15f). Dagegen fehlt das typisch markinische Motiv der Vernichtungspläne der jüdischen Oberen, die sie aus Furcht vor dem Volk nicht umsetzen (Mk 11,18).
In der matthäischen Erzählung wird Jesus als der Messias geschildert, der den Zugang zum Tempel auch für die öffnet, die von ihm ausgeschlossen waren (vgl. 2Sam 5,8 [LXX]), und ihn zugleich von allem säubert, was seinen Charakter als Gebetsstätte in Frage stellt. Insofern füllt die matthäische Version der Tempelreinigung den Messiasruf der Volksmenge beim Einzug in Jerusalem (21,9) inhaltlich. Der Zusammenhang zwischen beiden Szenen wird vom Evangelisten durch das wortgleiche Rufen der Kinder und die direkte Abfolge zwischen den Perikopen (die Verfluchung des Feigenbaumes fehlt) unterstrichen. Zugleich steht die Tempelreinigung damit in der Kontinuität der generellen Charakterisierung der Botschaft und Taten Jesu im Matthäusevangelium als Erfüllung des wahren Sinnes der Schrift (vgl. 5,17; 8,16f; 9, 10–13 u.ö.).
Die Szene dient Matthäus außerdem zur Polemik gegen die jüdischen Autoritäten. Die unmündigen Kinder erkennen Jesus aus seinen Taten als Messias, sie aber lehnen ihn ab.

Aufgabe: Vergleichen Sie Eph 5, 21–33 mit Kol 4, 18f! Welche redaktionellen Interessen waren für den Verfasser des Epheserbriefes bei seiner Version der Haustafel leitend?

4.4. Ältere Kommunikationssituationen

Die uns im Neuen Testament überlieferten Texte sind durch die Kommunikationssituationen geprägt, in denen sie entstanden sind. Das gilt entsprechend für die die Vorgeschichte dieser Texte repräsentierenden mündlichen und schriftlichen Quellen und Traditionen. Um diese zu verstehen, ist es sinnvoll und notwendig, auch ihre ursprüngliche Kommunikationssituation zumindest versuchsweise zu rekonstruieren. Ein gewisses Hindernis stellt dabei der oben genannte Umstand dar, dass die Quellen und Traditionen häufig nicht im Wortlaut erschlossen werden können. Von daher sind auch zu den älteren Kommunikationssituationen in der Regel nur relativ allgemeine Aussagen möglich. Wir müssen also versuchen, in den erschlossenen Quellen und Traditionen Hinweise auf Problemlagen zu finden, die in der Geschichte des frühen Christentums plausibel verortet werden können. Wird bei mündlichen Traditionen angenommen, dass sie auf den historischen Jesus zurückgehen, muss entsprechend gefragt werden, inwieweit sie im Rahmen seiner Verkündigung sinnvoll verstehbar sind.

Beispiel: Mt 25, 14–30 – das Gleichnis von den anvertrauten Talenten – Vorgeschichten und Kommunikationssituationen
Aus dem Vergleich mit der Parallelüberlieferung Lk 19, 12–27 kann erschlossen werden, dass in Q ein Gleichnis überliefert war, das folgende Grundstruktur hatte:
- ein als Hausherr vorgestellter Mensch vertraut vor einer Reise seinen drei Sklaven Geldsummen an (vermutlich je eine Mine);
- zwei der Sklaven arbeiten mit dem anvertrauten Geld und erzielen hohe Gewinne;
- der dritte Sklave vergräbt das Geld, um es seinem Herrn bei der Wiederkunft unversehrt übergeben zu können;
- der Herr hält bei seiner Rückkehr Abrechnung – die ersten beiden Sklaven legen Rechenschaft über ihre erfolgreichen Geschäfte ab und werden belobigt;
- der dritte Sklave gibt das ihm anvertraute Geld zurück und begründet sein Verhalten damit, dass der Herr „ein harter Mann" (Mt 25,24) sei und er ihn gefürchtet habe;
- der Herr tadelt den letzten Sklaven schwer, weil er das Geld nicht wenigstens zur Bank gebracht hat; die ihm anvertraute Mine wird dem ersten Sklaven übergeben;
- Schlusssentenz Mt 25,29 par Lk 19,26.
Vermutlich hat schon Q das Gleichnis als Allegorie auf das Endgericht interpretiert. Dafür spricht die Schlusssentenz. Dann hat der Text die Funktion, die Adressaten zu ermahnen, in der Zeit bis zur Parusie die ihnen von Gott anvertrauten Güter nach seinem Willen zu nutzen.

Da eine gewisse Spannung zwischen der Schlusssentenz und dem Gleichnis besteht – erst jene bringt die Deutung des Gleichnisses auf das Endgericht ein –, sind sich die Exegeten weitgehend darin einig, dass die Sentenz nicht zur Q vorauf gehenden mündlichen Tradition gehört.
Das Gleichnis ist in seiner ältesten erreichbaren Form (ohne die Sentenz) plausibel in die Verkündigung Jesu einordnenbar. Die ersten beiden Sklaven gehen zwar ein hohes Risiko ein – die genannten Gewinnmargen lassen sich in der Antike nur mit riskanten Geschäften wie z.B. Fernhandel erreichen – nutzen die sich ihnen bietende Chance aber konsequent. Der dritte Sklave handelt zwar scheinbar verantwortungsvoll – in der Antike galt das Vergraben von Geld als sichere Art der Aufbewahrung – scheut aber jedes Risiko und vergibt so die sich ihm bietende Möglichkeit. Die Situation der Sklaven entspricht der Situation des Menschen angesichts der anbre-

chenden Gottesherrschaft. Wer in dieser „Nullpunktsituation"[6] versagt, vergibt das einmalige von Gott eröffnete Heilsangebot.

Hilfsmittel:
K. Aland, Synopsis Quattuor Evangeliorum, Stuttgart [15]1996 (griechisch)
ders., Synopse der vier Evangelien (Griechisch und Deutsch), Stuttgart 1989
A. Huck / H. Greeven, Synopse der drei ersten Evangelien. Mit Beigabe der johanneischen Parallelstellen, Tübingen [13]1981 (griechisch)
F.J. Schierse / W. Trutwin, Patmos-Synopse, Düsseldorf [26]2005
O. Knoch, Stuttgarter Evangelien-Synopse. Nach dem Text der Einheitsübersetzung, Stuttgart 2006

Literatur:
die in Kapitel 2.2. genannten wissenschaftlichen Kommentare, dort findet man auch weiterführende Literaturangaben etwa zur Frage nach der Vorgeschichte einzelner Perikopen
O. Merk, Art. Literarkritik, TRE 21 (1991), 211-233
U. Wilckens, R. Kratz, R. Pesch, Synoptisches Arbeitsbuch zu den Evangelien I-V, Gütersloh 1980f

---

[6] J. Becker, Jesus von Nazaret, Berlin/New York 1996, 69.

5. Kontexte

Texte sind Bewohner vieler Welten. Das gilt nicht nur für die Vielfalt ihrer Wirkungsgeschichten, sondern bereits für ihre Ursprungssituation. Die Antike war auf ihre Weise pluralistisch, und es wäre falsch, sie auf ein Einheitsbild zurechtzustutzen (z.B.: „Die Antike war wundergläubig"). Es ist deshalb wichtig, die unterschiedlichen kulturellen Kontexte, in denen die Texte des Neuen Testaments entstanden und für die sie geschrieben wurden, mit kultur- und religionsgeschichtlichen Mitteln zu erforschen.

Ohne im Rahmen des Studiums die wissenschaftliche Diskussion überblicken zu können, ist es doch unumgänglich, die wichtigsten Forschungsergebnisse der letzten Jahrzehnte zu kennen und ggf. selbständig anhand zuverlässiger Sekundärliteratur weiterzuarbeiten.

5.1. Religionsgeschichtliche Kontexte

Sachgerechte Interpretation neutestamentlicher Texte kommt ohne Kenntnis ihrer religionsgeschichtlichen Kontexte nicht aus. Menschen leben immer in unterschiedlichen Kontexten zu gleicher Zeit. Mit den beiden Stichworten „antikes Judentum" und „hellenistische Religiosität" sind nur ganz grobmaschige Raster genannt, die lediglich Anhaltspunkte für die konkrete Textarbeit geben können. Sie sind für die Entstehungszeit des Neuen Testaments nicht einmal nach Art zweier streng voneinander getrennter Bereiche zu beschreiben. Vielmehr sind sie als kategoriale Hinweise auf die Vorstellungswelten zu verstehen, die den ursprünglichen Horizont neutestamentlicher Texte bilden.

Um sie veranschaulichen und unsere Texte auf sie beziehen zu können, müssen wir zum einen einführende Sekundärliteratur kennen und zum anderen die Möglichkeit haben, selber Primärtexte zu lesen, die diese Horizonte repräsentieren. Zumeist weisen die einschlägigen Kommentare auf vergleichbare Vorstellungen in anderen, annähernd zeitgenössischen Texten hin. Machen Sie davon Gebrauch – besorgen Sie sich entsprechende Textausgaben und lesen Sie die angegebenen Stellen in ihrem eigenen Zusammenhang! Das hat u.a. den Sinn, die Eigenart eines solchen Textes zu berücksichtigen und das Missverständnis zu vermeiden, es sei mit dem Aufweis einer punktuellen „Parallele" alles gesagt.

Der exegetische Ertrag wird darin liegen, dass das sachliche Profil des neutestamentlichen Textes klarer zu erkennen ist: Wie sehen die Voraussetzungen aus, die er sichtlich teilt oder modifiziert, was bedeutet es für die eigene Aussage dieses Textes, wenn er von ihnen Gebrauch macht? Je klarer uns die Voraussetzungen werden, die ein Text zu erkennen gibt, desto deutlicher können wir das ihm Eigene sehen.

Wir müssen noch einen Schritt weiter gehen. Denn die religionsgeschichtlich erfassbaren Voraussetzungen neutestamentlicher Texte sind kein überflüssiger Zusatz, ohne den die eigentliche Botschaft reiner und deutlicher zur Sprache käme. Nein, sie sind genau genommen die Grammatik, in der diese Botschaft zum Ausdruck kommt. Ohne von den Voraussetzungen Gebrauch zu machen, die wir als heutige Zeitgenossen in diesem Teil der Welt miteinander teilen, könnten wir uns nicht verständigen. Was wir sagen, steht immer in irgendeiner Beziehung zu ihnen, sei es anknüpfend, abgrenzend, überbietend oder auf andere Weise. Es wäre also falsch, neutestamentliche Texte danach zu bewerten, ob und wieweit sie Gebrauch von Vorstellungen machen, für die wir Analogien in ihren zeitgenössischen Kontexten entdecken. Es kommt vielmehr darauf an, so klar wie möglich zu erkennen, wie sehr unsere Texte die Sprache ihrer eigenen Zeit und Welt sprechen – und das ist eine völlig andere Sprache als unsere.

Beispiel: Das Thomasbekenntnis in Joh 20,28[1]
Am Ende der Perikope vom „ungläubigen" Thomas in Joh 20, 24–29 spricht dieser in V. 28 das Bekenntnis „Mein Herr und mein Gott!". Uns mag dieses Bekenntnis zunächst spezifisch christlich, vielleicht noch „typisch johanneisch" erscheinen, es gewinnt aber ein ganz eigenes Profil, wenn wir es vor dem Hintergrund des antiken Kaiserkults lesen.
Sueton berichtet in seiner Biographie des Kaisers Domitian (XIII, 2), dieser habe sich in seinen amtlichen Rundschreiben als „dominus et deus noster" (unser Herr und Gott) bezeichnet und das sei daraufhin seine gewöhnliche Anrede geworden. Da das Joh gewöhnlich an das Ende der Regierungszeit Domitians oder kurz danach datiert wird, lässt sich das Thomasbekenntnis als eine Kampfansage an den Kaiserkult mit seiner religiösen Überhöhung politischer Macht lesen.
Diese Lektüre gewinnt noch an zusätzlicher Evidenz, wenn man das Joh mit den meisten neueren Exegeten nach Ephesos lokalisiert. Hier war in der späten 80er / frühen 90er Jahren ein Kaisertempel mit gigantischen Ausmaßen errichtet worden (die Tempelterrasse hatte die Abmessungen 50 x 100 m), in dem eine weit überlebensgroße Kaiserstatue stand, die wohl Domitian darstellte. Die Adressaten des Joh hatten also den Gegenentwurf zum Evangelium täglich buchstäblich vor Augen!

Noch wichtiger als die Kenntnis der paganen Umwelt des Neuen Testaments ist sein jüdischer Kontext. Denn keine neutestamentliche Schrift kann ohne seine Kenntnis sachgemäß verstanden werden, da alle Autoren entweder selbst ursprünglich Juden waren oder als ehemalige Sym-

---

[1] Vgl. zum Folgenden P. Pilhofer, Vom Sinn der neutestamentlichen Wissenschaft, in: K.-M. Bull, E. Reinmuth (Hrsg.), Bekenntnis, 8–23, insbes. 18–23.

pathisanten der Synagogengemeinde („Gottesfürchtige") durch dieses geistige Milieu geprägt sind. Wir müssen uns also Kenntnisse über die zeitgenössischen jüdischen Strömungen und Gruppierungen innerhalb und außerhalb Palästinas und ihre theologischen Positionen verschaffen, um der Semantik der neutestamentlichen Texte folgen zu können. Am prominentesten sind in diesem Zusammenhang die Schriften aus den Höhlen von Qumran als Originaldokumente einer zeitgenössischen jüdischen Bibliothek und die Werke des Theologen und Philosophen Philo von Alexandrien, des wichtigsten Repräsentanten des alexandrinischen Diasporajudentums. Nicht weniger wichtig sind die weiteren uns überlieferten frühjüdischen Schriften. Exemplarisch seien hier das Jubiläenbuch, der äthiopische Henoch und die syrische Baruchapokalypse genannt.

Aufgabe: Vergleich 1QS XI, 9–22 mit Röm 7, 14–25
Wie sehen die Perspektiven der beiden Autoren auf den Menschen aus? Worin sehen sie die Möglichkeit des Heils? Überlegen Sie, worin die Unterschiede begründet sein könnten!

Wer die unmittelbare Umwelt der Adressaten der neutestamentlichen Texte kennen lernen will, kommt nicht umhin, auch die Ergebnisse der archäologischen Forschung zur Kenntnis zu nehmen (s.o.). Dabei sind insbesondere die Inschriften eine unerlässliche Quelle, um die politische und religiöse Welt einer Stadt und ihres Umlandes zu beschreiben. Häufig stehen die Inschriften (mit Übersetzung und Interpretation) in speziellen Editionen zur Verfügung, die in Reihen erscheinen, z.B. Inschriften griechischer Städte aus Kleinasien (IGSK).

Hilfsmittel (Quellenausgaben):
Ch.K. Barrett, Texte zur Umwelt des Neuen Testaments, dt. Ausgabe bearb. von K.-J. Thornton, Tübingen [2]1991 (Textsammlung zum Einstieg)
J. Charlesworth (Hrsg.), Old Testament Pseudepigrapha (OTP), 2 Bde., Garden City bzw. London 1983-1985
H. Clementz, Des Flavius Josephus Jüdische Altertümer. Geschichte des Jüdischen Krieges. Kleinere Schriften, I-IV, Wien [2]1923, Nachdruck Darmstadt 1960
L. Cohn u.a., Die Werke Philos von Alexandria in deutscher Übersetzung, 7 Bde., Berlin 1909-1964 (Nachdruck der Bde. 1-5 1962)
Corpus Inscriptionum Latinarum (CIL) (grundlegendes Sammelwerk der lateinischen Inschriften, Bände II – XV geographisch gegliedert; spätere Bände widmen sich bestimmten Inschriftengattungen, z.B. Bd. XVI den Militärdiplomen)
Ergänzungsbände zu den Tituli Asiae Minoris (ETAM), Wien 1966ff
Inscriptiones Graecae (IG) (grundlegendes Sammelwerk der griechischen Inschriften, geographisch geordnet)
Inschriften griechischer Städte aus Kleinasien (IGSK), Bonn 1972ff
Jüdische Schriften aus hellenistisch-römischer Zeit (JSHRZ), Begründet von Werner Georg Kümmel, hrsg. von Hermann Lichtenberger u.a., Gütersloh 1973ff
Jüdische Schriften aus hellenistisch-römischer Zeit. Neue Folge (JSHRZ.NF), hrsg. von Hermann Lichtenberger u.a., Gütersloh 2005ff
E. Lohse, Die Texte aus Qumran I, Hebräisch und Deutsch, Darmstadt [4]1984

J. Maier, Die Qumran-Essener: Die Texte vom Toten Meer, 3 Bde., München 1995-1996

O. Michel, O. Bauernfeind, De bello Judaico. Der Jüdische Krieg, I-III, München 1962-1969

Papyrologische Kommentare zum Neuen Testament, hrsg. von P. Arzt-Grabner, A. Papathomas, M. Pesce, Göttingen 2003ff

H.-M. Schenke, H.-G. Bethge, U.U. Kaiser (Hrsg.), Nag Hammadi Deutsch 1+2, Berlin/New York 2001/2003

U. Schnelle, G. Strecker u.a., Neuer Wettstein. Texte zum Neuen Testament aus Griechentum und Hellenismus, Berlin/New York 1996ff (Paralleltexte zu Einzelstellen)

A. Stendel, Die Texte aus Qumran II. Hebräisch/Aramäisch und Deutsch, Darmstadt 2001

Tituli Asiae Minoris (TAM), Wien 1901ff

Literatur:
St. Alkier, J. Zangenberg (Hrsg.), Zeichen aus Text und Stein. Studien auf dem Weg zu einer Archäologie des Neuen Testaments, TANZ 42, Tübingen/Basel 2003

K. Erlemann, K.L. Noethlichs, K. Scherberich, J. Zangenberg (Hrsg.), Neues Testament und Antike Kultur, Neukirchen-Vluyn 2004/2005; insbesondere Band 3: Welt-auffassung – Ethos – Kult

M.G. Schmidt, Einführung in die lateinische Epigraphik, Darmstadt 2004

H.-J. Klauck, Die religiöse Umwelt des Urchristentums I+II, Kohlhammer-Studienbücher Theologie 9, 1+2, Stuttgart u.a. 1995/1996

A.G. Woodhead, The Study of Greek Inscriptions, Cambridge [2]1981

5.2. Intertextualität

Kein Text steht für sich allein; jeder Text ist Teil einer Textwelt, die aus unzähligen anderen Texten besteht.[2] Für jeden einzelnen Text kann gefragt werden, welche Beziehungen zwischen ihm und anderen Texten bestehen oder in der Rezeption hergestellt werden können. Mit dem Stichwort „Intertextualität" wird dieser Sachverhalt gebündelt.[3] Angesichts der Vielfalt unterschiedlicher Intertextualitätsbegriffe[4] ist es für unser Proseminar erforderlich, den Begriff genauer zu bestimmen. Dazu nennen wir zwei Extrempositionen: Ein radikaler Intertextualitätsbegriff

---

[2] Literatur zur Einführung: D. Kimmich, R.G. Renner, B. Stiegler (Hrsg.), Texte, 327-333 (Lit.!); Th.A. Schmitz, Literaturtheorie, 91-99. Schmitz hebt klar auf die Frage ab, welche Anspielungen antike Leser und Leserinnen realisieren konnten. Intertextualität wird in diesem Sinn von Quellen- oder Einflusskunde klar unterschieden. A. Merz, Selbstauslegung, bietet auf den ersten 70 Seiten ihrer Untersuchung einen Überblick über den gegenwärtigen Stand der Intertextualitätsforschung. Vgl. dazu ihre Zusammenstellung von „Kriterien zur Skalierung der Intensität von intertextuellen Bezügen" (105-113).

[3] Vgl. E. Reinmuth, Hermeneutik 81-86; O. Wischmeyer, Hermeneutik 185-193; U. Broich, Art. Intertextualität. G. Allen, Intertextuality, London 2000, zeichnet die Karriere des Intertextualitätsbegriffs nach und bezieht ihn ausdrücklich auf alle kulturellen Phänomene.

[4] Vgl. zur Einführung Sh. Schahadat, Intertextualität.

geht davon aus, dass jedes Element eines Textes auf andere Texte verweist bzw. als ihre Resonanz zu verstehen ist. Auf diese Weise wird alles zum Intertext, und die Frage nach den außertextlichen Referenzen, Autoren und Grenzen von Texten wird letztlich sinnlos.

Eine wesentlich engere Definition bezieht sich lediglich auf nachweisbare Zitatelemente in einem Text. In diesem Fall würde die Vielfalt möglicher Bezüge zwischen Texten unzulässig reduziert und zudem auf Abhängigkeitsverhältnisse beschränkt.

Es geht mit der Frage nach der Intertextualität jedoch nicht um die diachrone Frage nach den Quellen eines Textes (s.o. Kapitel 4.1.), sondern um die synchrone Frage, welche Bezüge zwischen Texten in einem Text erkennbar sind. Dabei wird die Frage unabweisbar, ob die Resonanzen anderer Texte in einem Text beabsichtigt oder unbeabsichtigt, ob Anspielungen nachweisbar oder nicht nachweisbar sein sollen. Blickt man auf die beabsichtigte Rezeption eines Textes, kann sich die Frage stellen, wieweit solche Anspielungen für die Adressaten erkennbar waren.

Blickt man auf die tatsächliche Rezeption eines Textes, muss man die Textwelten der Rezipienten berücksichtigen und gegebenenfalls rekonstruieren. Heutige Leser beziehen das Neue Testament auf eine andere Textwelt als z.b. Hörerinnen des 16. Jahrhunderts.

Hier wird gefragt, welche intertextuellen Hinweise der Text uns zu erkennen gibt. Er kann zwar markierte Bezüge auf andere Texte enthalten, z.b. explizite Zitate. Sie sind unübersehbar und auch für Menschen nachvollziehbar, die in der Textwelt des Neuen Testaments nicht zu Hause sind. Sie sind jedoch nur <u>eine</u> Möglichkeit intertextueller Bezüge.

Andere Bezüge, z.b. Anspielungen, sind weniger deutlich erkennbar, jedoch für die intendierte Rezeption des Textes nicht weniger wichtig. Anspielungen sind ein anderer intertextueller Bezug als explizite Zitate. Sie sind jedoch nicht als „schwächer" zu bezeichnen, denn sie erfordern eine aktive und selbständige Rezeption.

Hier gibt es viele Möglichkeiten: Im Text kann ein Stück Prätext zitiert werden, ohne dass durch eine Zitatformel darauf hingewiesen wird (vgl. z.b. Apg 7,18 und die Stephanusrede insgesamt); ein Prätext kann zitiert und ausführlich diskutiert werden (z.b. Ps 8 in Hebr 2)), Anspielungen können sich auf Formulierungen, aber auch auf ganze Erzählkomplexe beziehen.

weitere Beispiele:
Der große Abschnitt Röm 1,18 − 3,20 enthält in 3, 10−18 ein explizites Schriftzitat, das sich aus mehreren Zitaten zusammensetzt. In Röm 9, 14−29 werden unterschiedliche Schriftzitate als Argumente verwendet.

Generell kann gesagt werden:
Bei der Frage nach der Intertextualität eines Textes geht es um die Präsenz anderer Texte in ihm. Sie werden zitiert, sie klingen an, sie bilden Strukturen, Erzählinhalte usw. Wichtigstes Hilfsmittel im griechischen Neuen Testament ist das Register der *loci citati vel allegati*, aber auch für nicht des Griechischen Mächtige stehen entsprechende Hilfsmittel zur Verfügung.[5] Die neutestamentlichen Autoren verwenden meist den Septuagintatext[6] oder noch andere Textvarianten der biblischen Schriften. Auch mit Eingriffen in den (noch nicht kanonisierten!) alttestamentlichen Text durch die Autoren selbst ist zu rechnen. Hier muss im Einzelfall sorgfältig zwischen den verschiedenen Möglichkeiten abgewogen und im Zweifelsfall entsprechende Spezialliteratur herangezogen werden. Im Blick auf die Literatur des antiken Judentums ist zu beachten, dass die Textformen, auf die neutestamentliche Autoren sich beziehen konnten, keineswegs immer mit den uns überlieferten übereinstimmen.

Die Textwelt des frühen Christentums ist die des antiken Judentums. In diesem Rahmen entfaltete sich die Dynamik der Jesus-Christus-Geschichte und ihrer vielfältigen Interpretationen (s. dazu u. S. 86f). Das Lesen relevanter Kontexte ist folglich unverzichtbar. Dazu gehören nicht nur die biblischen Schriften, unser Altes Testament und seine griechische Übersetzung (Septuaginta, LXX), sondern auch Textsammlungen der übrigen frühjüdischen Literatur.
Aber auch der weitere Rahmen des antiken Hellenismus will beachtet werden. Für die Arbeit mit den entsprechenden Texten ist zum Einstieg v.a. auf den so genannten „Neuen Wettstein" hinzuweisen.

Aufgaben:
a) Überprüfen Sie die Zitatkombination in Mk 1, 2−3; lesen Sie die ursprünglichen Kontexte und bilden Sie Thesen, welche Bedeutung ihre Zitation für die Interpretation der Jesus-Christus-Geschichte durch Markus haben kann!
b) Lesen Sie Joh 12, 37−41; entwerfen Sie ein Autorportrait Jesajas in der Perspektive dieses Textes!
c) Vergleichen Sie Mt 21, 4−7 mit Mk 11, 2−7 und Lk 19, 29−35. Welche Rolle spielt in diesen Texten Jes 62,11/Sach 9,9? Vergleichen Sie die intertextuellen Bezüge!
d) Interpretieren Sie Röm 15,3f und 1 Kor 9,9f!

Man kann verschiedene Formen intertextueller Bezüge unterscheiden. Zitat oder Anspielung rufen einen Text auf. Sie wiederholen ihn damit, dass sie ihn als Prätext im neuen Text präsentieren (Fachwort: Palintex-

---

[5] Vgl. insbesondere den in der Literaturliste aufgeführten Titel von E. Zenger.
[6] Der Text der Septuaginta (LXX) wird in Kürze dank des Projektes „Septuaginta Deutsch" der Universität Koblenz auch für „Nichtgriechen" erreichbar sein.

tualität).[7] Dadurch ergibt sich eine Spannung: Der präsentierte Text steht nicht mehr in seinem ursprünglichen, sondern in einem neuen Kontext. Der ursprüngliche und der neue Kontext werden durch den aufgenommenen Textausschnitt in eine Beziehung gebracht, die nach einer konstruktiven Interpretation verlangt. Der ursprüngliche Kontext sollte dabei nicht außer Acht gelassen werden.

Aufgabe:
Röm 1,17 enthält ein Zitat aus Hab 2,4. Stellen Sie den Sinn des Zitates in seinem ursprünglichen Kontext fest und vergleichen Sie es mit seiner Verwendung im Kontext Röm 1,16f! Konsultieren Sie dabei verschiedene deutsche Übersetzungen! Worauf weisen die Unterschiede hin?

Prätexte werden jedoch nicht nur aufgenommen, sondern auch diskutiert, ausgelegt, aktualisiert usw. Sie können, müssen aber nicht im Text zitiert werden. Diese Form der Intertextualität zeigt eine komplexere Auseinandersetzung mit dem Prätext. Der neue Kontext ist die Ebene, auf der die Bedeutung des Prätextes diskutiert wird (Fachwort: Metatextualität).

Beispiel: Ps 8 im Kontext von Hebr 2
In Hebr 2 wird z.b. die Bedeutung von Ps 8 diskutiert: Die Wiedergabe von Ps 8, 5–7 in Hebr 2, 6–7 erfolgt unter der Voraussetzung, dass die Geschichte Jesu Christi Bedeutung für alle Menschen hat. Mit dem Psalmzitat wird hier nicht die unvergleichliche Hoheit des Menschen, sondern Jesu Christi hervorgehoben. Ihm ist die künftige Welt unterworfen (V. 5).[8] Die Aussage von V. 5 ist der Anknüpfungspunkt für das Psalmzitat. Sie enthält in ihrer Negativformulierung („nicht Engeln hat er unterworfen") das narrative Element der Jesus-Christus-Geschichte, das im zitierten Psalmvers auf ihn gedeutet wird (vgl. V. 8b).

Eine noch komplexere Bezugnahme auf Prätexte liegt vor, wenn sie mit dem neuen Text, z.b. seiner Form oder Struktur, nachgeahmt werden (Fachwort: Hypertextualität). Mit „Prätext" können in diesem Fall immer auch mehrere oder gar Gattungen bzw. Textsorten gemeint sein. Das Magnifikat z.B. imitiert die Psalmen. Auch die Makarismen oder Weherufe haben biblische (und frühjüdische) Vorbilder. Die Geschichte von der Geburt des Täufers (Lk 1f) erinnert an die Geburt Samuels (1 Sam 1f).

---

[7] P. Stocker, Theorie der intertextuellen Lektüre. Modelle und Fallstudien, 1998, 50ff.; vgl. die zusammenfassende Darstellung bei O. Wischmeyer, Hermeneutik, 189f. Der Begriff kommt von griech. πάλιν /palin – „wieder".

[8] „Denn nicht Engeln hat er die zukünftige Welt unterworfen, von der wir reden..." Das Verb „er unterwarf" (ὑπέταξεν/hypetaxen) nimmt bereits die entsprechende Wendung aus Ps 8,7b auf.

Die drei Fachworte Palintextualität, Metatextualität und Hypertextualität können dazu dienen, intertextuelle Bezüge in neutestamentlichen Texten zu erkennen und zu unterscheiden. Meist sind solche Bezüge viel komplexer, als auf den ersten Blick erkennbar ist. Als Grundregel kann gelten, dass diese Bezüge nicht lediglich als Anwendung oder Gebrauch von Prätexten, sondern als Auseinandersetzung mit ihnen zu verstehen sind.

Deshalb sind weitere Gesichtspunkte zu berücksichtigen. Denn der Grad der interpretierenden Auseinandersetzung mit einem Prätext kann recht unterschiedlich sein. Es ist z.B. ein Unterschied, ob ein Prätext mit einer Zitateinleitung begonnen wird oder dem neuen Kontext so integriert ist, dass nur Kundige dieses Element erkennen. Eine Zitateinleitung hebt deutlich die Präsentation eines Prätextes hervor und fordert explizit dazu auf, sich mit diesem Vorgehen auseinander zu setzen (Fachwort: Referenzialität). Damit ist schon das Problem angesprochen, ob ungekennzeichnete Zitate oder Anspielungen von den Lesern oder Hörerinnen erkannt werden sollen. Im Idealfall trifft das zu. Die Autoren haben Modell-Leser vor Augen, die ihre Texte vollständig verstehen: Ihr Verständnis entspricht der intendierten Rezeption. Deshalb ist es Aufgabe der Exegese, danach zu fragen, welche Rolle der intertextuelle Bezug im Text selbst spielt. Je stärker ein Autor diesen Bezug thematisiert oder reflektiert, desto mehr fordert er das auch von seinen Leserinnen und Hörern. Die Kommunikativität, also der Grad der Kommunikation zwischen Autor und Rezipienten über den intertextuellen Bezug, und die Autoreflexivität, also der Grad der Reflexion eines Prätextes im neuen Text, stehen in einem sachlichen Zusammenhang.

Zu unterscheiden ist auch, was als Prätext aufgerufen wird. Es gibt Fälle, bei denen mit einem einzigen Stichwort auf einen komplexen Erzählinhalt hingewiesen wird.

Beispiel:
Vgl. z.B. Jak 5,11 „von der Geduld Hiobs habt ihr gehört." An dieser Stelle wird die Geschichte Hiobs argumentativ verwendet.

Es gibt andere Fälle, bei denen ein Ausschnitt aus einem komplexen Erzählinhalt anhand bestimmter Formulierungen diskutiert wird.

Beispiel:
In Röm 9,17 führt Paulus mit den Worten „denn die Schrift sagt zu Pharao" ein Zitat aus Ex 9,16 ein, um es anschließend im Blick auf die aktuelle Fragestellung im Römerbrief zu interpretieren.

In beiden Fällen wird die Kenntnis des Erzählinhaltes vorausgesetzt. Der Grad des intertextuellen Bezugs ist jedoch unterschiedlich (Fachwort: Selektivität).
Man kann die mit einem intertextuellen Bezug erzeugte Spannung zwischen einem Prätext und seiner Verwendung in einem neuen Kontext

auch als einen inszenierten Dialog verstehen, mit dem die Rezipienten sich auseinander setzen sollen. Dieser Aspekt der Dialogizität ist besonders da zu bedenken, wo Prätexte zur Identifikation von Erzählinhalten verwendet werden. Neutestamentliche Autoren teilen diese Praxis mit dem antiken Judentum. Sie unterscheiden sich von ihnen darin, dass sie diese Texte zur Deutung der Jesus-Christus-Geschichte heranziehen. Generell kann gesagt werden, dass damit eine theologische Kontinuität beansprucht wird: Die Jesus-Christus-Geschichte ist von der Geschichte Gottes mit den Menschen nicht zu trennen. Diese Geschichte ist für die Autoren des Neuen Testaments nicht nur Vergangenheit, sondern auch Gegenwart und Zukunft.

Diese Voraussetzung steht im Hintergrund der Erfüllungszitate bei Matthäus. Sie werden alle mit einer ähnlichen Wendung eingeleitet: „Das geschah aber, damit erfüllt würde, was da gesagt ist durch den Propheten, der da spricht ..."; vgl. Mt 1,22f; 2,5f.15.17f.23; 4,14ff; 12,17ff; 13,35; 21,4f; 26,56; 27,9f. Matthäus meint damit: Jesus bringt in seinem Handeln und Reden die prophetischen Ansagen zur Erfüllung. Die Schrift selbst legitimiert die Botschaft und Sendung Jesu.

Beispiele: Zitat aus Joel 3, 1–5 in Apg 2, 17–18
Das Zitat dient in der Petrusrede dazu, das merkwürdige Pfingstgeschehen (Apg 2, 1–13) eindeutig zu interpretieren. Das geschieht, indem die Worte des Propheten mit der gegenwärtigen Situation identifiziert werden: τοῦτό ἐστιν τὸ εἰρημένον διὰ τοῦ προφήτου ᾿Ιωήλ – „das ist es, was durch den Propheten Joel gesagt wurde"; gemeint ist also: Das findet hier statt, was der Prophet angekündigt hat.

Ps 69 (68),10 in Joh 2,17
Hier dient das Psalmwort dazu, die Tempelaktion Jesu (Joh 2,13ff) zu deuten. Johannes weist auf der Kommentarebene ausdrücklich darauf hin, dass die Jünger sich angesichts des Handelns Jesu an die Worte „Der Eifer um dein Haus wird mich verzehren" erinnern. Er gibt damit seinen Rezipienten einen entscheidenden Hinweis, wie sie das provokative Handeln Jesu (vgl. die V. 18ff) am Beginn seines Weges verstehen können.

Die biblische Intertextualität des Neuen Testaments ist also theologisch begründet. Das gilt es bei ihrer Interpretation zu beachten.
Es geht bei der neutestamentlichen Intertextualität jedoch nicht nur um Bezüge auf die biblischen Schriften Israels oder, in viel geringerem Maß, auf frühjüdische oder hellenistische[9] Schriften. Es geht auch um Bezüge auf die Jesus-Christus-Geschichte selbst.

---

[9] Vgl. z.B. Apg 17,28 (Aratus); 1 Kor 15,33 (Menander bzw. Euripides); Tit 1,12 (Epimenides). Die Bedeutung der antik-jüdischen Literatur für die Exegese des Neuen Testaments wird in Kapitel 5.1. behandelt. Sie ist auch im Blick auf seine Intertextualität vorauszusetzen und geht über explizite Zitate oder verifizierbare Anspielungen hinaus.

Wenn Joh 2,22 davon spricht, dass die Jünger nach Ostern zum Glauben an „die Schrift" und das Wort, das Jesus ihnen gesagt hatte, fanden, ist dieser fundamentale Doppelbezug zu erkennen (s.u.). Er gilt prinzipiell für alle neutestamentlichen Schriften. Die Grenzen der Intertextualität sind im Blick auf die Präsenz nichttextueller bzw. extratextueller Kontexte fließend.

Wenn also z.B. im Markusevangelium auf das „Evangelium" Bezug genommen wird, so ist das als intertextuelle Relation zu verstehen. Ähnliches gilt für den Hinweis auf Worte und Handlungen Jesu im Johannesevangelium, deren Sinn erst jetzt, in der Kommunikation dieses Evangeliums, begriffen werden kann, oder für den Hinweis des Paulus auf Traditionen oder Jesusworte, deren Bedeutung für den Brieftext sogar thematisiert wird.

Beispiele:
Vgl. die Stellen, an denen Markus den Begriff „Evangelium" verwendet (1,1.14f; 8,35; 10,29; 13,10; 14,9). Mit dem Stichwort „Evangelium" ist hier nicht das Markusevangelium oder seine literarische Gattung gemeint, sondern die Glaubensbotschaft der Gemeinde, die das Handeln Gottes an Jesus und mit ihm das Heil der Welt zum Inhalt hat.

Im Anschluss an die Tempelaktion Jesu gibt es ein Streitgespräch über die Berechtigung zu solchem Tun (Joh 2,18ff). Jesus äußert dabei seine provokative Aufforderung, den Tempel niederzureißen – er werde ihn in drei Tagen wieder aufbauen (V. 19). Johannes erläutert das auf der Kommentarebene zunächst damit, dass Jesus damit seine eigene Geschichte, den „Tempel seines Leibes", gemeint habe. Und er verweist auf den nachösterlichen Verstehensprozess der Jünger (V. 22).

In 1 Kor 9,14 verweist Paulus auf ein Wort des Herrn, indem er schreibt: „So hat es der Herr für die angeordnet, die das Evangelium verkünden: Sie sollen vom Evangelium leben". Ein solcher Satz findet sich in den Evangelien nicht (vgl. jedoch Lk 10,7 par Mt 10,10). Paulus stellt in diesem Zusammenhang fest, dass er selbst sich nicht daran hält, also für seinen Lebensunterhalt mit eigener Arbeit aufkommt: „Ich habe davon keinen Gebrauch gemacht" (V. 15a). Paulus unterscheidet an dieser Stelle ausdrücklich sein eigenes Verhalten von dem, was das Wort Jesu Christi empfiehlt.

Diese drei Beispiele sind explizite Bezugnahmen auf die Jesus-Christus-Geschichte. Sie ist nie nur zu interpretierender, sondern immer bereits interpretierter Text. Nirgends begegnen wir ihr im Neuen Testament anders. Die Jesus-Christus-Geschichte ist der Grundtext, auf den sich alle Schriften des Neuen Testaments beziehen, ohne mit ihm identisch zu sein. Die Jesus-Christus-Geschichte war von Anfang an mit der Interpretation der Schriften Israels verbunden. Sie ist selbst immer schon interpretierte Geschichte - ebenso wie die Texte, mit deren Hilfe sie weiter interpretiert wird: die biblischen Schriften (LXX) und das weitere Schrifttum des antiken Judentums. Für die neutestamentliche Exegese, die wissenschaftlich fundierte Interpretation eines neutestamentlichen Textes, ist es erforderlich, diese Textwelt zu kennen. Es würde z.b. zu kurz greifen, in einem Text lediglich ein „alttestamentliches Zitat" ausfindig zu machen, ohne die entsprechenden Rezeptionsvoraussetzungen zu berücksichtigen, die für den Autor im Blick auf seinen Prätext zu veranschlagen sind. Ebenso wenig würde es reichen, sich mit dem „Zitat" zu begnügen, ohne zu bedenken, dass für den verwendenden Autor zugleich der Gesamtkontext seiner Prätexte präsent war. Den Autoren neutestamentlicher Texte geht es um ein grundlegendes theologisches Anliegen.

Das zeigt sich auch da, wo Bezüge innerhalb eines Erzählwerkes hergestellt werden (Fachwort: Intratextualität).

Beispiele:
Lk 10,19 Seht, ich habe euch Macht gegeben, zu treten auf Schlangen und Skorpione ... und nichts wird euch schaden; vgl. die Geschichte vom schadlosen Schlangenbiss Apg 28, 3–6: Als nun Paulus einen Haufen Reisig zusammenraffte und aufs Feuer legte, fuhr wegen der Hitze eine Schlange heraus und biss sich an seiner Hand fest...aber es widerfuhr ihm nichts Übles.

Lk 21,15 Denn ich will euch Mund und Weisheit geben, der alle eure Gegner nicht widerstehen noch widersprechen können (σοφίαν ἧ οὐ δυνήσονται ἀντιστῆναι …); vgl. Act 6,10 und sie konnten nicht widerstehen der Weisheit und dem Geist, in dem er redete (οὐκ ἴσχυον ἀντιστῆναι τῆ σοφία …)

Joh 18, 4–9 schildert, wie Jesus die Jünger davor bewahrt, ebenfalls in Gefangenschaft zu geraten; er erwirkt, dass sie bei seiner Gefangennahme unbehelligt bleiben; vgl. V. 8b: „Sucht ihr mich, so lasst diese gehen". Der anschließende V. 9 lautet: „Damit sollte das Wort erfüllt werden, das er gesagt hatte: Ich habe keinen von denen verloren, die du mir gegeben hast". Dieser Vers bezieht sich trotz der Einleitung (ἵνα πληρωθῆ ὁ λόγος ὅν εἶπεν ὅτι) nicht auf ein Schriftwort: Gegenstand des Erfüllungszitats ist das Jesuswort 6,39: „Es ist aber der Wille dessen, der mich gesandt hat, dass ich keinen von denen, die er mir gegeben hat, verloren gehen lasse, sondern dass ich sie auferwecke am letzten Tage." (vgl. auch 10,28f; 17,12). Auf diese Weise wird der Skandal des synoptischen Erzählinhalts neu interpretiert; nach Johannes gibt es keine Jüngerflucht. Jesus selbst erwirkt vielmehr ihre Freiheit und erfüllt dabei sein prophetisch gedeutetes Wort.

Vgl. auch 18,32; das Wort Jesu (ὁ λόγος τοῦ Ἰησοῦ) bezieht sich auf Joh 3,14 bzw. 12,33. Joh 3,28 spielt auf 1,20.30 an.

Literatur (vgl. auch die zu Kapitel 5.1. genannten Hilfsmittel):
G. Allen, Intertextuality, London 2000
U. Broich, Art. Intertextualität, in: Reallexikon der deutschen Literaturwissenschaft Bd. 2 (Berlin 2000), 175-179
S. Hinds, Allusion and Intertext. Dynamics of Appropriation in Roman Poetry, Cambridge 1998
D. Kimmich, R.G. Renner, B. Stiegler (Hrsg.), Texte zur Literaturtheorie der Gegenwart, RUB 9414, Stuttgart 1996

Merz, A., Die fiktive Selbstauslegung des Paulus. Pseudepigraphie in den Pastoralbriefen und ihrer frühesten Rezeption, NTOA 52, Göttingen / Fribourg 2004
Schahadat, Sh., Intertextualität: Lektüre - Text - Intertext, in: M. Pechlivanos u.a., Einführung in die Literaturwissenschaft, Stuttgart/Weimar 1995, 366-377
Th.A. Schmitz, Moderne Literaturtheorie und antike Texte. Eine Einführung, Darmstadt 2002
P. Stocker, Theorie der intertextuellen Lektüre. Modelle und Fallstudien, Paderborn u.a. 1998
E. Zenger, (Hrsg.), Stuttgarter Altes Testament / Stuttgarter Neues Testament, Einheitsübersetzung mit Kommentar und Lexikon, Stuttgart 2003

5.3. Welten im Text

Für die Analyse narrativer und argumentativer Texte gibt es grundlegende Operationen, deren Kenntnis wir erwerben müssen. Unhintergehbare Voraussetzung ist in beiden Fällen, dass die Wirklichkeit, auf die ein Text sich bezieht, seien es erzählte Fakten, Gemeindeprobleme oder Zukunftserwartungen, im Text zu etwas völlig anderem wird, nämlich zu einer Größe im Text, deren Bedeutung durch den Text konstruiert wird.

Das schließt nicht aus, dass es hier – in historischer Perspektive – Übereinstimmungen geben kann. Im Rahmen des Textes jedoch geht es um textuelle Phänomene – Welten im Text. Hier werden sie in ihren Bedeutungen kommuniziert.

In diesem Abschnitt geht es um die Frage, wie Texte sich auf Wirklichkeiten beziehen, und was das für die Interpretation bedeutet. Kein Text kann die Wirklichkeit, von der er spricht, ersetzen. Texte leben vielmehr von Prozessen der Perspektivierung, Auswahl und Kombination. Was zum Text wird, ist nicht unabhängig vom Menschen, nicht gleichsam „objektiv" vorgegeben. Was zum Text wird, soll kommuniziert werden. Es ist erfahrene, behauptete, vermutete Bedeutung, die anderen zur Bedeutung werden soll.

Folglich ist zu fragen, wie ein Text sich auf die Wirklichkeit bezieht, wie er sie sieht, welches Bild er von ihr hat und vermitteln will. Es muss folglich auch eine klare Trennung zwischen der Geschichte, auf die er sich bezieht, und ihrer Darstellung im Text gezogen werden. Die Anhaltspunkte, die die moderne Forschung für ihre geschichtliche Rückfrage findet, sind im Blick auf den Sinn der Texte Abfallprodukte. Dies gilt auch im Blick auf den „historischen Jesus". Kein Text spiegelt die Realität wider, wie sie ist. Texte kommunizieren Weltbilder.

Mit dem Stichwort „Welten im Text" ist eine Problemstellung angegeben, die sich auf den Wirklichkeitsbezug von Texten bezieht. Lange Zeit hat man Aussagen, die in Texten über die Wirklichkeit getroffen wurden, für annähernd wahrheitsgetreue Abbildungen gehalten. Diese Auffassung galt auch für neutestamentliche Texte. Erst mit dem Aufkommen der historisch-kritischen Methodik änderte sich das Bild. Jetzt wusste man, dass allein aufgrund der z.T. langen Vorgeschichten der Texte ihr Wirklichkeitsbezug viel differenzierter beurteilt werden muss. Dennoch blieb zunächst die Grundannahme erhalten, dass Texte wie die des Neuen Testaments über ihren vermeintlichen Abbildcharakter zu beurteilen sind.

Wenn wir indessen von einem Textverständnis ausgehen, wie es in der modernen Literaturwissenschaft entwickelt worden ist, verbietet sich eine solche Grundannahme von selbst. Dennoch ist – gerade unter dieser Voraussetzung – nach dem Wirklichkeitsbezug unserer Texte zu fragen.

Beispiel:
Wenn der Hebräerbrief das Problem eines erlahmenden Glaubenseifers bei den Adressaten anspricht, so hat man das gern für bare Münze genommen und sich - vielleicht sogar in Analogie zu eigenen Erfahrungen - eine ermüdete Gemeinde vorgestellt, in der die Begeisterung der Anfangszeit verloschen ist. In historischer Hinsicht ist eine solche Vorstellung wenig plausibel. Die Gefährdung der jungen Gemeinden wurde mit ihrer Eigenständigkeit nicht geringer, sondern nahm zu. Vielleicht geht das kritisierte Verhalten eher darauf zurück, dass gesellschaftlicher Druck bei einigen Mitchristen zu Strategien führte, die vom Autor des Hebr für inakzeptabel gehalten wurden.

Kein Text kann „alles" sagen, um verstanden zu werden. Jeder Text setzt ein bestimmtes Weltwissen seines Autors und seiner Rezipienten, der Leserinnen und Hörer, voraus. Dieses gemeinsame Weltwissen ist eine für das Verstehen eines Textes unabdingbare Voraussetzung.

Mit der kommunizierten Welt kommen die Lebenswirklichkeiten, auf die der Text sich bezieht oder die er einfach voraussetzt, ins Spiel. Auch wenn ein Text davon nur Fragmente oder Splitter zeigt, geht es um ganze Welten. Wir nennen das kulturell etablierte Weltkonstrukt einer kommunizierenden Gruppe „Universum"[10] und die dazugehörige Sprache „Enzyklopädie". Mit diesem Begriff ist die Gesamtheit des Wissens gemeint, das eine Interpretationsgemeinschaft mit ihrer Zeit und Gesellschaft teilt.

Es macht also wenig Sinn, bei einem „aufgeklärten" Standpunkt stehen zu bleiben und vergangene Enzyklopädien mit ihren Welten für überholt zu erklären. Wir können darauf verzichten, den Texten eine ihnen fremde Logik, Kausalität und Linearität, ein ihnen fremdes Zeitverständnis aufzudrängen und stattdessen versuchen, ihre Diskurse in ihren Textwelten zu erschließen. Es geht bei neutestamentlichen Texten darum, ihre Bedeutung für die Kommunikationspartner zu verstehen. Erst dann gelingt es uns zu begreifen, worum es ihnen ging. Was für sie „wirklich" war, muss für uns nicht „wirklich" sein. Dennoch können wir lernen, ihre Sprache zu verstehen. Sprachen sind Welten.

---

[10] Bzw. „Diskursuniversum"; dieser Begriff, der auf das semiotische Denken von Charles Sanders Peirce zurückgeht, wurde für die neutestamentliche Exegese von St. Alkier fruchtbar gemacht; vgl. ders., Wunder und Wirklichkeit, 55-88, bes. 74-79.

Nach diesen Überlegungen gilt es, eine grundsätzliche Unterscheidung einzuüben. Auf der einen Seite sind alle Texte, auch die des Neuen Testaments, in irgendeiner Weise „welthaltig", sie kommunizieren die Wirklichkeiten, auf die sie sich beziehen.

Auf der anderen Seite sind Texte etwas grundsätzlich anderes als die Wirklichkeiten, die außerhalb und unabhängig von ihnen existieren. Sie sind auch dann, wenn sie sich z.B. als getreue Abbildungen verstehen, Konstruktionen, in denen sich ein bestimmtes Verständnis der Wirklichkeit zeigt. Das, was die Konstruktion des Textes ermöglicht, ist die Perspektive, unter der die Wirklichkeit im Text kommuniziert wird.

Uns scheint es meist, als ob beides zusammenfällt. Wir gehen davon aus, dass die Geschichte „eben so war", wie wir sie hörten, dass ein Problem genau da liegt, wo wir das Problem sehen. Die Erfahrung von Streit und Widerspruch zeigt uns, dass es auch andere Perspektiven gibt. Andernfalls wären übrigens Kommunikation und gemeinsames Handeln kaum möglich.

Dieser Sachverhalt ist für die Ebene schriftlicher Kommunikation entscheidend. Texte entwickeln und enthalten Perspektiven auf die Wirklichkeit, und diese Perspektiven verdanken sich dem, was als Wirklichkeit gesehen wird, welchen Sinn, welche Bedeutung sie hat.

Beispiele:
Markus erzählt in seinem Evangelium (Mk 3,22) ausdrücklich Vorwürfe, die sich auf die Heilungstätigkeit Jesu beziehen. Er hält damit die Erinnerung wach, dass man Jesu heilendes Handeln auch ganz anders verstehen konnte und verstanden hat, als die es tun, die zum Glauben an ihn gefunden haben. Die markinische Erzählperspektive entwickelt – in Abgrenzung von konträren Auffassungen – einen spezifischen Sinn, von dem her sie die Heilungen Jesu thematisiert. Dieser Sinn muss nicht identisch sein mit der Bedeutung, die Jesus selbst in seinem Handeln sah - er kann es in bestimmter Hinsicht gar nicht. Denn er ist Teil einer Erzählperspektive, die ohne Ostern nicht möglich wäre.

Jak 1,13-15 enthält einen argumentativen und einen narrativen Teil. Zunächst wird eine Meinung als irrig abgewiesen, Gott selbst könne Menschen in Versuchung führen. Begründend (γάρ/gar – denn, V. 13b) wird aus der Voraussetzung, dass Gott selbst nicht vom Bösen versucht werden kann, gefolgert, dass er niemanden in Versuchung führt. Diese Argumentation ermöglicht den Schluss, dass einzig das eigene Begehren, die eigene Gier (ἐπιθυμία/epithymia) eine verführerische Gefahr darstellt – sie „zieht und lockt" (ἐξελκόμενος καὶ δελεαζόμενος / exelkómenos kai deleazómenos V. 14). Mit dieser bildhaften Beschreibung ist der Übergang zu einem narrativen Abriss gegeben, der erzählt, wie der Weg von der Gier in den Tod aussieht. Diese kurze Geschichte steht deutlich in argumentativen Diensten. Sie hat die Aufgabe, zu warnen und den Blick für die Gefahr der Lebensgier zu öffnen. Zugleich zieht sie das auf die Bühne, was schon vorher das implizite Zentrum der Argumentation war: Das Ich und seine eigene Verantwortung. Hatte der Autor soeben davor gewarnt, sich vor dieser zu drücken und stattdessen Gott zu belasten, so erzählt er nun mit der Erotik der Gier und ihrer Schwangerschaft in eindringlicher Unausgesprochenheit, auf wen es hier entscheidend ankommt. Das Narrative in diesem Text hat also keineswegs lediglich illustrierende Funktion; es ist vielmehr integrierender

Bestandteil der Argumentation. Dabei dürfte auch die Frage, wie und unter welcher Perspektive denn hier Wirklichkeit thematisiert werde, sehr aufschlussreich sein! Immerhin schildert die kleine Erzählung auf knappstem Raum ein erotisches Drama mit tödlichem Ausgang – ein Kammerspiel mit drei bis vier Personen, je nachdem, ob man den Tod noch als Person auftreten lassen will. Aber gemeint ist ja konkretes menschliches Handeln mit den inneren Entscheidungen, die es begleiten.

Viele Welten sind in einem Text. Wenn wir von der Welt des Autors und der intendierten Adressaten sprechen, ist das eigentlich eine Tautologie, denn die intendierten Adressaten befinden sich im Kopf des Autors – für uns also nirgendwo anders als im Text: Es sind die Vorstellungen, die er von ihnen hat, und die entscheidend in die Textgestaltung eingehen. Diese Feststellungen gelten unabhängig davon, wie viel Kenntnisse der Autor von den realen Adressaten hatte, von ihren Problemen und Fragen, und wieweit diese Kenntnisse zutrafen. Wir gehen davon aus, dass kein Text des Neuen Testaments unabhängig von solchen Kenntnissen geschrieben wurde. Aber diese Kenntnisse waren sehr unterschiedlich.

Beispiele:
An die junge Gemeinde in Thessalonich schreibt Paulus seinen ersten Brief kurz nach der überstürzten Abreise; an die Gemeinde in Rom schreibt er, ohne schon jemals da gewesen zu sein.

Wir müssen voraussetzen, dass die Kenntnisse über die Adressaten der Texte, so unterschiedlich sie waren und so wenig wir über sie wissen, in das Bild des Autors von den intendierten Adressaten eingingen. Sein Text entsteht, um mit den Adressaten in Kontakt zu kommen bzw. unter ihnen Kommunikation zu stiften. Was er thematisiert, fragt, korrigiert, erzählt oder zu Bedenken gibt, tut er im Dienst dieser Kommunikation. Die erste Welt im Text ist deshalb die zwischen Autor und Adressaten kommunizierte Welt. Jeweils ist konkret zu prüfen, wieweit sie sich im Text auffinden lässt.

Viele Texte des Neuen Testaments kritisieren abweichende Positionen. Die Vertreter dieser Positionen wurden als Irrlehrer bezeichnet. Damit wurde der Eindruck erweckt, als könne man bereits in dieser frühen Zeit zwischen orthodoxen und häretischen Schriften unterscheiden. Die Vorstellung, dass vielleicht gar eine in der einen Schrift kritisierte Position in einer anderen Schrift des Neuen Testaments vertreten wurde, war kaum vorstellbar und verstellte lange Zeit den Blick.

Beispiel:
Im Römerbrief lesen wir, wie wichtig Paulus die Überzeugung ist, dass das rechtfertigende Handeln Gottes unabhängig von menschlichem Handeln erfolgt. Paulus besteht darauf, dass der Mensch allein durch den Glauben an Jesus Christus gerecht wird (vgl. z.B. Röm 3,28; 4,5). Die Position des Jakobusbriefes steht dazu im Ge-

gensatz. Jak 2,14 formuliert: Ihr seht – der Mensch wird aufgrund von Werken gerecht, nicht aus Glauben allein!
Auch die Rolle Abrahams wird von Paulus und dem Verfasser des Jakobusbriefes unterschiedlich gesehen. Jak 2,21 spricht begründend vom gehorsamen Handeln Abrahams: Ist nicht Abraham, unser Vater, durch Werke gerecht geworden, als er seinen Sohn Isaak auf dem Altar opferte (vgl. Gen 22)? Für Paulus ist indessen entscheidend, dass Abraham aufgrund seines Glaubens gerechtfertigt wurde (Röm 4; vgl. Gen 15,6).

Diese Beispiele zeigen, dass die Texte des Neuen Testaments nicht als einfache Widerspiegelungen vergangener Wirklichkeiten verstanden werden sollen. Sie sind keine „Fenster", von denen aus ein zutreffendes historisches Bild erschlossen werden kann. Historische Forschung an diesen Texten ist dennoch möglich, ja unumgänglich. Je klarer wir nämlich über historische Gegebenheiten im Umkreis unserer Texte unterrichtet sind, desto entschiedener können wir ihre Autonomie beachten und ihre Wirklichkeitsbezüge differenziert und unabhängig voneinander sehen lernen.

Alles, was in den Text gezogen, in ihm benannt, thematisiert, besprochen wird, wird durch ihn neu definiert. Nichts kann in den Text gezogen werden, in ihm „zitiert" werden, was nicht auch außerhalb zu finden ist, was Menschen z.b. bewegt und prägt. Dennoch hat es nun seinen Ort im Text; es ist durch ihn von seinem Leben außerhalb getrennt. Dieses „Außerhalb" ist die Wirklichkeit, die wir teilen, definieren, handhaben. Auch der Text gehört dazu. Er wirkt, wenn Menschen mit ihm handeln. Hier setzt die Frage ein, wie Texte wirken – wie die Welten im Text zu Wirkungen in der Welt werden (s. Kapitel 3.3.3.).

Die Frage „wie kommt die Welt in den Text" zielt also darauf ab, an der Gestaltung des Textes abzulesen, wie in ihm Wirklichkeit interpretiert wird. Es geht um einen Doppelaspekt: Das Erzählte, Besprochene oder Diskutierte und seine Bedeutung. Dieser Doppelaspekt ist, wenn wir uns in die Lage der frühchristlichen Autoren versetzen, nicht aufzuspalten. Erst so können wir die Referenzen, also den Wirklichkeitsbezug ihrer Texte, erfassen. Diese Texte enthalten nicht „die Wirklichkeit", sondern sie zeigen bestimmte Wahrnehmungs- und Verstehensperspektiven, in denen außertextliche Wirklichkeit kommuniziert und als bedeutungsvoll erfahren wurde.
Fragen wir nach der „Welt im Text", so müssen wir diese Perspektiven erkunden. Auf diese Weise verhindern wir, eine der Seiten des Doppelaspektes zu bevorzugen und uns entweder auf die Inhalts- oder auf die Bedeutungsseite eines Textes zu konzentrieren. Jeder neutestamentliche Text präsentiert beides, und nur in diesem Miteinander ist seine Referenz zu erfassen. Ein Erzähltext wird nicht verstanden, wenn wir zu wissen glauben, „wie es wirklich gewesen ist"; ein argumentativer Text wird nicht verstanden, wenn wir zu wissen meinen, „wie die Dinge

wirklich liegen". Ebenso wenig verstehen wir die Texte, wenn wir lediglich danach fragen wollten, was sie bedeuten, bewirken oder „sagen" sollen, ohne zu bedenken, worauf sie sich beziehen. Dass dabei jedoch immer das uns weitgehend fremde Wirklichkeitsverständnis antiker Menschen, ihre „Welt" (s.o.) einzukalkulieren ist, muss hier nicht wiederholt werden.

Literatur:
St. Alkier, Wunder und Wirklichkeit in den Briefen des Apostels Paulus. Ein Beitrag zu einem Wunderverständnis jenseits von Entmythologisierung und Rehistorisierung, WUNT 134, Tübingen 2001
K. Erlemann u.a., Neues Testament und antike Kultur (NTAK), 4 Bände, Neukirchen-Vluyn 2004ff
M. Tilly, So lebten Jesu Zeitgenossen. Alltag und Frömmigkeit im antiken Judentum, Mainz 1997
J. Maier, Zwischen den Testamenten. Geschichte und Religion in der Zeit des zweiten Tempels, NEB.AT Erg.-Bd. 3, Würzburg 1990
H.-J. Klauck, Die religiöse Umwelt des Urchristentums I: Stadt- und Hausreligion, Mysterienkulte, Volksglaube; II: Herrscher- und Kaiserkult, Philosophie, Gnosis, Stuttgart u.a. 1995/1996
Der neue Pauly. Enzyklopädie der Antike, hg. H. Cancik, Stuttgart 1996ff.
Der Kleine Pauly. Lexikon der Antike, hg. v. K. Ziegler, W. Sontheimer, Stuttgart/München 1964-1975
Reallexikon für Antike und Christentum. Sachwörterbuch zur Auseinandersetzung des Christentums mit der Antiken Welt, hg. T.Klauser, E. Dassmann, Stuttgart 1941ff.

5.4. Kommunikative Situation

Als Ursprungssituation eines Textes ist immer eine kommunikative Situation vorauszusetzen. Die Frage nach den kommunikativen Situationen der neutestamentlichen Texte gehört ins Zentrum unserer Interpretationsarbeit. Ohne Konstruktion ihrer ursprünglichen Bedeutung der neutestamentlichen Texte kommt keine Diskussion ihrer Gegenwartsbedeutung aus. Wir arbeiten unter der Voraussetzung, dass alle Texte des Neuen Testaments als Teile kommunikativer Handlungen zu verstehen sind. Das erfordert, anhand der Texte und unserer historischen Kenntnisse Rückschlüsse auf die kommunikative Situation zu ziehen, in der sie entstanden und für die sie gedacht waren. Nur so können wir feststellen, welche Wirkung mit ihnen beabsichtigt war und vermeiden, sie unzulässig allgemein oder unkonkret zu verstehen.

Manche Schriften des Neuen Testaments sind explizit adressiert, manche nicht. Die meisten Briefe enthalten zu Beginn mit dem Gruß Absender- und Adressatenangaben (Präskript). Es gibt jedoch auch Briefe, die kein reguläres Präskript haben (1 Joh, Hebr). Diese Schriften gelten offenbar einem unbegrenzten Adressatenkreis. Ähnlich steht es mit den so genannten katholischen Briefen (Jak, Jud, 1.2 Pt). Einige Briefe sind an

Einzelpersonen adressiert (Past, Phlm, 2.3 Joh). Auch das Lukasevangelium spricht in seinem Prolog (1, 1–4) eine Einzelperson mit dem Namen Theophilos an. Aber das ist eine Ausnahme. Der Hauptunterschied
zwischen den fünf großen Erzählwerken und den übrigen Schriften des
Neuen Testaments besteht im Blick auf ihre erkennbare kommunikative
Situation darin, dass die Erzählwerke ihre kommunikative Ursprungssituation kaum thematisieren. Auch sie sind jedoch sachgemäß nur dann
zu erfassen, wenn man voraussetzt, dass sie sich auf kommunikative Situationen beziehen.[11] Diese können jedoch letztlich nur aus den text in-
ternen Indizien erschlossen werden.

Wir finden im Neuen Testament vielfache Hinweise darauf, wie kommunikative Situationen von einzelnen Autoren gesehen werden, und
welche Bedeutung sie ihrem Text in diesem Zusammenhang beimessen
(vgl. z. B. Mk 13,14; im Blick auf Briefe 1 Thess 5,27; 2 Kor 1,13; Eph
3,4; Kol 4,16; Offb 1,3; 1 Tim 4,13).
Die Rahmentexte eines Werkes spielen dabei eine hervorgehobene Rolle. Sie müssen bei der Interpretation jedes Mikrotextes, jeder Perikope,
berücksichtigt werden. Aber auch der Mikrotext enthält Hinweise, aus
denen auf die kommunikative Situation geschlossen werden kann.

Aufgabe:1 Thess 4,13.18; 5,1 im Kontext des gesamten Briefes
Was bedeutet die „Wir"-Form? Wann wechselt Paulus in die 1. Person Singular?
Welche Gründe vermuten Sie?

Beispiel:
In Gal 4, 18–20 spricht Paulus konkret über seine Kommunikation mit den Galatern.
Er greift in einer Passivformulierung das Stichwort „werben" (ζηλοῦν/zēlūn) aus V.
17 auf und bezieht es auf seine momentane Abwesenheit (V. 18), spricht in V. 19
von seinen „Geburtswehen" um die Angeredeten (οὒς πάλιν ὠδίνω), die erst dann
ein Ende haben werden, wenn Christus erneut unter ihnen Gestalt gewinnt, und
kommt in V. 20 noch einmal auf seine Abwesenheit zu sprechen: „Ich wollte, ich
wäre jetzt bei euch und könnte meiner Stimme den richtigen Ton geben; ihr macht
mich ratlos!" Dieser kleine Absatz lässt erkennen, wie Paulus die kommunikative
Situation des Galaterbriefes wahrnimmt. Der Brief hat u.a. die Aufgabe, die Bestür-
zung und Sorge des Apostels angesichts des Verhaltens der Galater zum Ausdruck
zu bringen.

In narrativen Texten begegnen uns fast nur implizite Hinweise. Sie sind
auf der Kommentar- und der Erzählebene zu suchen. Was erzählt wird,
beansprucht Relevanz. Wir können deshalb davon ausgehen, dass die
narrative Gestaltung Rückschlüsse auf Themen und Fragen zulässt, die
die Adressatenschaft in der Sicht des Autors bewegen. Seine Kommen-
tierungen unterstreichen dieses Anliegen.

---

[11] Kommunikative Situationen, die dem Text bzw. seinen Teilen zeitlich voraus
liegen, werden in Kapitel 4 besprochen.

Aufgabe: Apg 13, 42–52
Wie werden die Ereignisse nach der Paulusrede (V. 16–41) dargestellt? Erlauben sie
Rückschlüsse auf die kommunikative Situation in der Perspektive des Lukas?

Bei pseudepigraphen Briefen ist eine doppelte kommunikative Situation
zu berücksichtigen: Einerseits die tatsächliche, andererseits die fingierte.
Auf der fiktiven Ebene schreibt der angebliche Verfasser an seine Adressaten, die Adressaten des Pseudonyms.

Beispiel:
Im zweiten Thessalonicherbrief z.B. schreibt Paulus an die Thessalonicher. Tatsäch-
lich jedoch schreibt ein unbekannter Autor an Menschen, die er über die fingierte
Adresse erreichen will. Er ging davon aus, dass ein Brief an die Thessalonicher viele
Mitchristen interessieren würde.

Bei pseudonymen Texten hat die fiktive kommunikative Situation eine
wichtige hermeneutische Funktion. Sie „erzählt" gleichsam eine Ursprungssituation, die von den Rezipienten vorgestellt werden soll, um
die aktuelle Botschaft zu verstehen. Sie sollen sich in Analogie zur ge-
dachten Ursprungssituation sehen können und Bezüge zur gegenwärtigen kommunikativen Situation herstellen.
In pseudepigraphen Briefen werden also fiktive kommunikative Situationen inszeniert. Auch hier ist es jedoch möglich und erforderlich, auf
tatsächliche Situationen und die vom Autor beabsichtigte Wirkung seines Textes zu schließen. Das setzt voraus, dass wir die Pseudonymität
eines Textes kennen und wissen, wie sie zu bewerten ist.
Auch scheinbar persönliche Nachrichten in pseudonymen Texten sind
zu berücksichtigen.[12] Sie sind keine überflüssigen Ausschmückungen,
sondern dienen dazu, die Rezeption des Briefes in einer vorstellbaren
lebendigen Beziehung zu verorten. Diese Funktion haben persönliche
Mitteilungen übrigens in antiken Briefen auch dann, wenn es sich nicht
um fiktive Absender handelt.

Jeder Text enthält Hinweise, die Rückschlüsse auf seine intendierte Rezeption zulassen. Das kann auch im Blick auf das vom Text inszenierte
Autorbild der Fall sein.

Beispiele: 2Petr 1, 12–15.16
Der Abschnitt eröffnet eine fiktive testamentarische Situation, die dem vorgestellten
baldigen Tod des Autors „Petrus" entspricht. V. 14b spielt mit ὡς καὶ ὁ κύριος
ἡμῶν Ἰησοῦς Χριστὸς ἐδήλωσέν μοι – wie es mir unser Herr Jesus Christus of-
fenbart hat, auf Joh 21,18f. bzw. dessen Tradition an. Der Briefschreiber begibt sich
soweit in die fiktive Rolle des Petrus, dass er dessen Lebensgeschick zur Folie der
eigenen Botschaft machen kann. Dabei aber ist nun ebenfalls deutlich, dass es sich
um einen fiktiven Sachverhalt handelt: Für die Kommunikationsgemeinschaft zwi-

---

[12] Vgl. z.B. 1 Tim 6, 3–10; 2 Tim 4, 9–18; Hebr 13, 22–25.

schen Autor und intendierten Adressaten spricht Petrus, der – wie den Adressaten bekannt – den baldigen, vom Herrn vorausgesagten Tod vor Augen hat.

Eine ähnliche Beobachtung lässt sich anschließend in den V. 16–18 machen. Hier inszeniert „Petrus" sich in Anspielung auf die Verklärungsgeschichte als Augenzeuge des irdischen Jesus.

Literatur:
U. Schnelle, Einleitung in das Neue Testament, UTB 1830, Göttingen 5. Aufl. 2005
I. Broer, Einleitung in das Neue Testament, Bd. I: Die synoptischen Evangelien, die Apostelgeschichte und die johanneische Literatur; Bd. II: Die Briefliteratur, die Offenbarung des Johannes und die Bildung des Kanons, NEB.NT Erg.-Bd. 2/1 + 2, Würzburg 1998.2001
H.-J. Klauck, Die antike Briefliteratur und das Neue Testament. Ein Lehr- und Arbeitsbuch, UTB 2022, Paderborn 1998
E. Schweizer, Theologische Einleitung in das Neue Testament, GNT 2, Göttingen 1989
G. Theißen, Das Neue Testament, München 2002
J. Roloff, Einführung in das Neue Testament, Stuttgart 1995

6. Nachgeschichten

Dieser Abschnitt enthält Hinweise zu den Problemen von Rezeptions-
bzw. Wirkungsgeschichte und zu den Epochen der Bibelinterpretation;
es geht um die Notwendigkeit der wirkungsgeschichtlichen Fragestellung und Hilfsmöglichkeiten für konkrete Texte. Die wirkungsgeschichtliche Fragestellung bezieht sich auf die tatsächlichen Wirkungen
von Texten. Sie sind der Ausgangspunkt der Fragestellung. Mit dem
Stichwort „Rezeptionsgeschichte" geht es darum, wie ein Text rezipiert
worden ist. Ausgangspunkt dieser Frage sind die produktiven Interpreta-
tionsleistungen der Rezipienten. Beide Fragestellungen sind unter rezep-
tionsästhetischem Gesichtspunkt kaum unterscheidbar (s.u.).[1]
Wer einen Text interpretiert, sollte um seine Nachgeschichte wissen.
Die tatsächlichen Wirkungen der Texte des Neuen Testaments sind –
wie die Texte selber – stets ambivalent. Der Philemonbrief konnte im
südafrikanischen Apartheidsregime zur Rechtfertigung menschenver-
achtender Strukturen missbraucht werden, er fand aber auch da Verwendung, wo es um die Linderung und Bekämpfung ungerechter Ver-
hältnisse ging, z.B. beim Kampf um die Abschaffung der Sklaverei in
Nordamerika.
Wir alle sind Erben bestimmter Wirkungsgeschichten neutestamentlicher Texte. Wir alle leben mit Voraussetzungen, die sich von denen der
ursprünglichen Adressaten unterscheiden. Je deutlicher uns das wird,
desto klarer können wir von dem absehen, was unser Verstehen ablenkt.
Desto klarer können wir uns auch Missverständnisse und Gefahren vergegenwärtigen, die konkrete Texte auslösen können.
Die Wirkungsgeschichten des Neuen Testaments enthalten indessen
auch eine äußerst konstruktive und bereichernde Seite. Es ist nicht nur
spannend zu sehen, wie unterschiedlich sich menschliche Wirklichkeit
in den Interpretationen wieder findet – hier darf sich auch unsere konkrete Auslegung anregen, bereichern und herausfordern lassen. Im Blick
auf unsere Fähigkeit, unser eigenes Interpretieren kritisch zu reflektieren, ist der Blick auf die Wirkungsgeschichte eines zu interpretierenden
Textes unerlässlich.

---

[1] Vgl. dazu den in der Literaturliste am Ende des Kapitels genannten Artikel von U.
Luz und M. Rösel.

Mit dem Stichwort Rezeptionsforschung bzw. -geschichte ist eine speziellere Fragestellung gemeint. Entscheidend ist, dass jede Rezeption einen Text „zu etwas macht". Sie beginnt nicht voraussetzungslos, sondern trägt ihre eigenen Erwartungen und Vorurteile an den Text heran. Jede reflektierte Lektüre muss ihr Verhältnis zu den Konventionen bestimmen, unter denen bestimmte Texte gelesen werden, unter denen eine Gesellschaft oder Interpretationsgemeinschaft ihnen z.B. Autorität zuschreibt. Lektüren sind immer bereits präformiert. Wir können vielleicht lernen, dass z.b. die Johannesapokalypse ursprünglich ein Stück „Untergrundliteratur" war, aber wir lesen sie wie unsere Zeitgenossen unter völlig anderen Voraussetzungen.

Kein Rezeptionsvorgang ist statisch, sondern ein Interaktionsprozess, der von vielen Faktoren abhängt. Freilich muss hier genau unterschieden werden: Kein Text kann sich wehren, kein Text kann reagieren oder sich z.B. einer Leseerwartung anverwandeln. Insofern können Worte wie „Interaktion", „Dialog", „Kommunikation" o.ä. irreführend sein, weil die Aktivität der Rezeption ausschließlich auf Seiten der Leserinnen und Hörer liegt. Wir können – z.B. in unterschiedlichen Lebenssituationen – dieselben Texte ganz unterschiedlich wahrnehmen; das gilt ebenso für die Geschichten ihrer Rezeption. Wir können aber auch die Erfahrung machen, dass ein Text, je näher wir ihm kommen, je intensiver wir uns mit ihm auseinandersetzen, nicht bleibt, was er ursprünglich für uns war. Solche Erfahrungen sind gemeint, wenn in rezeptionstheoretischer Perspektive vom Interaktionsprozess zwischen Text und Leser gesprochen wird. Gemeint ist die unhintergehbare Einsicht, dass Texte nicht einfach statische Objekte sind, die man mit entsprechenden Methoden erforschen kann, wenn man sie verstehen will. Das sind sie immer auch, aber dem Verstehen genügt ein solcher Blick nicht. Denn das Verstehen wird von Lesern und Hörerinnen geleistet, von Interpretationsgemeinschaften normiert und in Gesellschaften konventionalisiert. Das Verstehen wird von Menschen geleistet, deren tatsächliches Verständnis über die Texte entscheidet. Von ihrem Verstehen hängt ab, ob und wie der Text jeweils zu einer Wirkung kommt. Zu seiner Wirkung?

Diese Frage ist entscheidend. Einige postmoderne Theorien machten gleichsam aus der Einsicht, dass Texte tatsächlich gegen den Strich gelesen und mit geradezu jedem Textsinn belegt werden können (und kein Autor dagegen einschreiten kann), die These, dass einzig die Rezipienten den Sinn eines Textes konstruieren. Das ist, wie wir gesehen haben, in der Hinsicht richtig, dass kein Text etwas für sich tun kann, solange er z.B. ungelesen bleibt. Es ist indessen unrichtig, wenn unbeachtet bleibt, dass die Interaktion zwischen Text und Leser keineswegs beliebig erfolgt. Im Gegenteil, jede verantwortliche Lektüre muss sich auf die Signale einlassen, die dem Text – absichtlich oder nicht – eingeschrieben sind, und die die Fähigkeit haben, die Rezeption zu lenken. In diesem Zusammenhang ist ein weiteres Problem zu bedenken: Das Verhältnis von Text und Autor, das jede Rezeption in irgendeiner Weise voraussetzt. Wenn wir uns darauf einigen, dass der Sinn eines Textes keinesfalls beliebig sein kann, liegt die Frage, ob unser Verständnis auch das vom Autor beabsichtigte ist, auf der Hand. Wir können den Autor – zumal im Fall der neutestamentlichen Texte – nicht mehr befragen. Wir wissen in diesem Fall nicht einmal etwas über sein Leben, über seinen richtigen Namen, über die Abfassungsumstände usw. Das Bild, das wir uns vom Autor machen, ist eine Konstruktion, die u.a. von den historischen Erkenntnissen abhängt, die uns zu Verfügung stehen. Es ist v.a. eine Konstruktion, die sich auf den konkreten Text oder die Textgruppe, die ihm zugeschrieben wird, bezieht. Dieses Autorbild kann nur berücksichtigen, was ein historisches Verständnis des Textes und weitere historische Annahmen hergeben. Über all die Seiten dieses Autors, die nicht in seinem Text auftauchen, können nur Vermutungen angestellt werden. Das Bild, das wir uns begründet von ihm machen können, ist diskursiv erschlossen; es bleibt in Bewegung, weil es vom jeweiligen Stand der Forschung abhängig ist.

Wenn wir davon sprechen, dass unser Verständnis des Textes auch das vom Autor beabsichtigte ist, müssen wir berücksichtigen, dass der Autor ist in unserem Fall eine Funktion des Textes ist (oder eben der Textgruppe, zu der unser Text gehört, und mit deren Verständnis er übereinstimmen muss). Der Autor steht in unserem Fall dem Text nicht gleichsam objektiv gegenüber; er kann z.B. unsere Kritik, unsere Schwierigkeiten mit dem Text nicht beantworten, er kann unsere Interpretation nicht korrigieren. Seine Rolle im Zusammenhang unserer Auslegung kann nur die einer aufgrund unserer Kenntnisse konstruierten Instanz sein, der unsere Interpretation nicht zuwiderlaufen darf - auch wenn wir ihm widersprechen und seinen Text kritisch interpretieren. Deshalb können wir nicht auf ihn verzichten.

Die Interpretation eines neutestamentlichen Textes kann im Rahmen z. B. einer Seminararbeit kaum einen Abriss seiner Wirkungsgeschichte enthalten.

Dennoch kommt in der Praxis keine Auslegung um eine Reflexion der wirkungsgeschichtlich geprägten Voraussetzungen der eigenen Interpretationsarbeit herum. Das mag manchmal intuitiv oder punktuell geschehen, das mag sich auf Erfahrungen beziehen, die wir im Gespräch mit anderen Menschen, in unserer Berufspraxis z.B. mit Schülerinnen oder Predigthörern, sammeln konnten. Hier bieten sich lohnende Anknüpfungspunkte für Fragestellungen, die in die Wirkungsgeschichte konkreter Texte führen. Vorbildlich wird diese Aufgabe in der Reihe des Evangelisch-Katholischen Kommentars (EKK) angegangen. Hilfreich sind Überblicke wie die „Epochen der Bibelauslegung" von Henning Graf Reventlow[2].

---

[2] Siehe die Literaturangabe am Ende des Kapitels; Vgl. zur Einführung in die Geschichte des Bibelverständnisses auch Chr. Dohmen, Auslegung. Auch die Ab-

Viele Texte des Neuen Testaments sind in ganz unterschiedlichen Formen und Ausprägungen in unserer Gegenwartskultur präsent. Sie aufzuspüren kann ein sinnvoller Ansatz sein, ihre Nachgeschichten zu studieren.

Mit der Wirkungsgeschichte von Texten ist die Frage nach dem verbunden, was an ihnen für relevant erachtet wurde. Texte, die nicht relevant sind, hören auf zu leben. Unsere Interpretationsarbeit entscheidet also darüber mit, wie andere, z.B. Schülerinnen und Schüler, die Relevanz der Texte wahrnehmen können. Das setzt voraus, dass wir uns persönlich mit dieser Frage auseinandergesetzt haben.

Entscheidend ist in diesem Zusammenhang der sachlich-theologische Zusammenhang mit der Kanonproblematik: Keine der Schriften des Neuen Testaments wurde für das Neue Testament geschrieben, keine für einen Kanon. Als kanonische haben sie eine Wirkungsgeschichte im Kontext eben dieses Kanons, seiner Geltung und Wirkung. Die Aufnahme in diesen ist ebenfalls bereits ein – entscheidendes – Datum ihrer sichtbaren Rezeption.

Literatur:
Arbeiten zur Geschichte und Wirkung der Bibel, Stuttgart (AGWB) 2001 ff
Chr. Dohmen, Die Bibel und ihre Auslegung, München [2]2003
S. P. Kealy, Matthew's Gospel and the History of Biblical Interpretation, 2 Bde., Lewiston/Queenston 1997
D.W. Kling, The Bible in History. How the Texts Shaped the Times, Oxford 2004
W.D. Köhler, Die Rezeption des MtEv in der Zeit vor Irenäus, WUNT II/24, Tübingen 1987
U. Luz, Wirkungsgeschichtliche Exegese, BThZ 2 (1985), 18-32
U. Luz, Matthew in History. Interpretation, Influence and Effects, Minneapolis 1994
D. McKim, Historical Handbook of Major Biblical Interpreters, Inter-Varsity 1998
K.-W. Niebuhr (Hrsg.), Grundinformation Neues Testament, UTB 2108, Göttingen 2000
H. Old, The Reading and Preaching of the Scriptures in the Worship of the Christian Church, 4 Vols., Eerdmans 2002
H. Graf Reventlow, Epochen der Bibelauslegung; 1. Vom Alten Testament bis Origenes, München 1990; 2. Von der Spätantike bis zum Ausgang des Mittelalters, München 1994; 3. Renaissance, Reformation, Humanismus, München 1997; 4. Von der Aufklärung bis zum 20. Jahrhundert, München 2001
M. Rösel, U. Luz, Art. Wirkungsgeschichte/Rezeptionsgeschichte, Alttestamentliche und neutestamentliche Wissenschaft, RGG Bd. 8, Tübingen [4]2005, 1598-1601

---

schnitte zu den neutestamentlichen Schriften in K.-W. Niebuhr, Grundinformation, werden regelmäßig durch wirkungsgeschichtliche Hinweise abgeschlossen.

7. Grenzfragen

Dieser Abschnitt unterstreicht noch einmal das Erfordernis, bei unserer Interpretationsarbeit die Textebene der neutestamentlichen Schriften in den Vordergrund zu stellen. Erst so kommen wir ihrem jeweils konkreten Wirklichkeitsbezug auf die Spur. Unsere Fragen zielen darauf ab, was mit diesen Texten gemeint war und was sie gegenwärtig bedeuten können.

Unerlässlich ist die eigene Auseinandersetzung mit dem Inhalt eines neutestamentlichen Textes und mit den Möglichkeiten seiner Interpretation. Dazu nötigt nicht nur die ambivalente Wirkungsgeschichte aller Texte. Dazu nötigt v.a. die Voraussetzung, dass diese Texte von Menschen geschrieben wurden, die sich einer klaren (wenn auch im einzelnen konkret zu differenzierenden) Aufgabe gestellt haben. Ihre Texte wollen an dieser Aufgabenstellung gemessen werden.

Diese Aufgabe bildet den gemeinsamen Nenner aller neutestamentlichen Texte. In ihnen geht es darum, sich der Jesus-Christus-Geschichte zu stellen – erzählend, argumentierend, interpretierend. Mit der Beziehung zwischen dem konkreten Text und der Jesus-Christus-Geschichte ist ein grundlegendes Kriterium genannt, an dem sich unsere Auseinandersetzung mit konkreten Texten orientieren muss.

Dieses Grundkriterium gilt unabhängig von individuellen Bedingungen; es ist nicht bestimmten Interpretationsvoraussetzungen vorbehalten – außer dem Interesse an diesen Schriften (s.o. S. 9). Es handelt sich um ein Sachkriterium, das lediglich das Selbstverständnis der Texte zur Grundlage hat.

Der Begriff „Jesus-Christus-Geschichte" setzt eine wissenschaftliche Methodik voraus, die es möglich macht, Umrisse dessen zu zeigen, worauf die Texte sich rezeptiv und produktiv beziehen. V.a. historische und literaturwissenschaftliche Forschung hat – so disparat manche Ergebnisse im Einzelnen sein mögen – methodisch überprüfbare und wissenschaftlich kommunizierbare Konstruktionen des „historischen Jesus" sowie der Traditions-, Produktions- und Rezeptionsschritte bis hin zu den uns vorliegenden Texten geliefert, die es sehr wohl ermöglichen, die geschichtliche Gestalt, auf die die Texte sich beziehen, als von ihnen unabhängige Größe zu umreißen.

Den Texten geht es um niemand anderes als diese Gestalt und ihre Geschichte. Sie sprechen von ihrer Präexistenz, aber auch von ihrer Auferstehung, ihrer Gemeinschaft mit Gott und ihrer Wiederkunft. Und sie sprechen von ihrer Wirksamkeit auf der Erde, der Wirksamkeit und dem Geschick des irdischen Jesus. Auf diese Weise tragen wir der übereinstimmenden Perspektive aller neutestamentlichen Texte Rechnung: Sie kennen keinen historischen Jesus, sind aber sehr wohl in dem Wissen geschrieben, dass am Anfang dieser Geschichte ein Mensch stand, der den keineswegs seltenen Namen Jesus trug.

Die Ergebnisse historischer Jesusforschung sind für unsere Kenntnis des irdischen Jesus entscheidend. Sie haben konstruktive und korrigierende Funktion. Sie erst ermöglichen es, Jesus möglichst konkret in die damalige Welt einzuzeichnen und gegebenenfalls seine Unterschiedenheit von dem Bild, das die Texte entwerfen, aufzuzeigen[1].

Ohne Kenntnisse der historischen Jesusforschung ist neutestamentliche Exegese nicht möglich. Und dennoch fragen wir aus der Sicht der Texte nicht nach ihm, sondern nach dem irdischen Jesus.

Die kritische Frage an die Texte lautet also nicht, wieweit sie dem entsprechen, was in historischer Hinsicht über Jesus ausgesagt werden kann. Sie führte oft genug dazu, die Texte gegen ihre offenkundige Absicht nach einem ihnen fremden Kriterium zu beurteilen. In der Annahme, mit dem historischen Jesus ein gleichsam objektives geschichtliches Faktum zu besitzen, das zutreffender sei als die in den Diskursen der frühen Gemeinden entstandenen Texte, wertete man diese gegenüber der vermeintlichen Wahrheit der Geschichte ab.

Mit der Einsicht in die Konstruktivität von Geschichte wurde es nicht nur möglich, die geschichtliche Relativität der in der Forschung jeweils dominanten Jesus-Konstrukte zu verstehen. Es wurde zugleich möglich, die Konstruktivität der von den Texten vorausgesetzten Jesusgestalten ernst zu nehmen und sie als Resultate von Rezeptions- und Produktionsprozessen zu verstehen.

Der irdische Jesus, den die Texte voraussetzen, ist das Grundkriterium, das auf sie anzuwenden ist. Die kritische Arbeit am und mit dem Neuen Testament kann deshalb nur eine im Sinne der Texte theologisch begründete sein. Es ist mit dem irdischen Jesus das Ganze der Jesus-Christus-Geschichte, auf das sie sich beziehen.

Vor diesem Hintergrund ist zu bedenken, dass die kritische Arbeit der Interpretation neutestamentlicher Texte nur von uns selbst geleistet werden kann. Damit ist keineswegs eine Beliebigkeit des Urteils gemeint. Aber es wird das Missverständnis ausgeräumt, als gebe es eine gleichsam objektive, jenseits der Texte befindliche Instanz, an denen sie zu messen wären. Wenn wir die Texte als geschichtliche Produkte mensch-

---

[1] Zur aktuellen Diskussion um Möglichkeiten und Grenzen der Erforschung des historischen Jesus vgl. J. Schröter, R. Brucker (Hrsg.), Der historische Jesus. Tendenzen und Perspektiven der gegenwärtigen Forschung, BZNW 114, Berlin/New York 2002.

licher Gestaltungsarbeit begreifen wollen, müssen wir im gleichen A-
temzug die geschichtliche Relativität unserer Auseinandersetzung mit
ihnen akzeptieren.

Hier kommt erneut die Frage nach der Objektivität unserer Arbeit ins
Spiel. Grundsätzlich gilt: Die Methodik der Textinterpretation im Rahmen wissenschaftlicher Theologie muss in gleicher Weise kommuni-
zierbar sein wie die anderer Disziplinen. Es gibt hier in methodischer
und wissenschaftstheoretischer Hinsicht keinen Sonderbereich; jeder
Arbeitsschritt, jede Überlegung, die z.B. in Ihrer Proseminararbeit Platz
findet, muss auch von Lesern nachvollzogen und diskutiert werden können, die in einer anderen Wissenschaft zu Hause sind.

Neutestamentliche Exegese ist auf Intersubjektivität grundlegend angewiesen. Denn so wenig ihre Arbeit an den Objektivitätsstandards, wie
sie in naturwissenschaftlicher Perspektive entwickelt wurden, zu messen
ist, so sehr muss sie Kriterien aufweisen und bereitstellen, die Willkür
oder Beliebigkeit verhindern.

Deshalb wäre es – ähnlich wie in manchem homiletischen Seminar –
gut, wenn die Ergebnisse einer Proseminararbeit zunächst in der Semi-
nargruppe diskutiert werden könnten. Hier könnten Fragen wissenschaftlicher Schlüssigkeit, argumentativer oder methodischer Stärken
und Schwächen gemeinsam erarbeitet werden. Überflüssig zu sagen,
dass Textanalysen, die ausgiebig Gebrauch von wissenschaftlicher Sekundärliteratur machen, ebenso gut verunglücken können wie andere.
Oft zeigt der gedankenlose Umgang mit Kommentarzitaten, dass es einer Exegese am Entscheidenden fehlt: an der persönlichen Verantwortung für eine methodisch reflektierte Interpretation.

In diesem Zusammenhang können kritische Fragen reflektiert werden:
Setzt sich der Text in irgendeiner Weise selbst ins Unrecht?
Tut er anderen Menschen Unrecht?
Werden andere Menschen diskriminiert oder verachtet?
Besteht diese Gefahr bei unserer/meiner Interpretation?
Fordert der Text meinen begründeten Widerspruch heraus?

Die Seminar- oder Kleingruppe kann als Modell für die Interpretationsgemeinschaft verstanden werden, in der unsere exegetische Arbeit ihren
natürlichen Ort hat. Das kann eine Kirchgemeinde bzw. Landeskirche
sein, ein Lehrerverband oder eine Schule. Jedenfalls ist eine Interpretationsgemeinschaft nicht mit der Gesellschaft, in der sie lebt, identisch.
Aber sie muss die Interpretationen, für deren Rahmenbedingungen sie
bürgt, gesellschaftlich uneingeschränkt vermitteln können.

Allein dieses Kriterium sichert die unbegrenzte Intersubjektivität, der
jede Exegese sich zumindest theoretisch zu stellen hat. Es sind die in
einer Gesellschaft gültigen wissenschaftlichen Kommunikationsformen,
Kriterien und Regeln, die die Überprüfbarkeit historischer wie exegeti-
scher Arbeit und damit gleichsam ihren Objektivitätsstatus sichern.[2]

---

[2] Vgl. dazu E. Reinmuth, Neutestamentliche Historik, 40-47.

Jedes Handeln mit einem Text ist interpretierendes Handeln. Das ist auch in berufspraktischer Hinsicht zu bedenken. Ich „brauche" einen Text für eine Beerdigung, für ein themenbezogenes Gespräch mit Jugendlichen usw., und ich wähle eventuell Texte unter dem Aspekt solcher Brauchbarkeit aus. Das Verlesen eines neutestamentlichen Textes, ein Klassengespräch, eine Predigt – all diese Handlungen sind auf ihre Weise Interpretationen, die zu reflektieren und zu verantworten sind.

Keine Interpretation kann einen Text duplizieren. Die Nichtidentität von Text und Interpetation markiert eine wichtige Grenze. Verantwortung können wir nur für unsere Interpretation, nicht aber für den Text übernehmen. Die neutestamentlichen Texte wurden von Menschen geschrieben, die nicht über alles Mögliche, sondern über sehr Konkretes reden wollten. Die Kommunikationssituationen, in denen ihre Texte entstanden, die Fragen und Antworten, auf die sie sich bezogen, waren historisch einmalig. Diese historische Bedingtheit macht sie unverwechselbar und begrenzt sie zugleich. Diese Grenzen dürfen weder verwischt noch verunklart werden. Sie helfen zugleich, den kulturgeschichtlich andersartigen Horizont der Texte und unsere Verantwortung für die eigene Interpretation klar zu unterscheiden.

Wir wehren uns damit gegen ein Textverständnis, das die eigene Interpretation mit den Texten identifiziert und damit u.a. Gefahr läuft, andere berechtigte Interpretationen auszuschließen. Wir wünschen uns eine Interpretationsarbeit, die von konstruktiven Textbeziehungen getragen wird, die die Autorität der Texte reflektiert, ohne sie mit einem autoritären Allgemeinheitsanspruch zu verwechseln, und die die Autonomie der Texte respektiert, ohne ihre Grenzen zu missachten.

Die Reflexion der Inkongruenz von Text und Interpretation ist eine wichtige Bedingung, einerseits das kritische, innovative Potential gelungener Interpretation zu unterstreichen, andererseits ihre eigenen Grenzen kritisch zu beachten. Erst so können wir einen Text zu Wort kommen lassen und die kritische Komponente unserer Interpretation auch auf ihn anwenden.

Verdanken sich alle Texte des Neuen Testaments der Interpretation der Jesus-Christus-Geschichte, so muss unsere Interpretationsarbeit zu dieser in Beziehung treten. Das ist leichter gesagt als getan, denn der Begriff Jesus-Christus-Geschichte ist ein Kunstwort, dessen genaue Umrisse für einzelne Autoren wir nur erschließen können. Diese Unterbestimmtheit, diese scheinbare Unklarheit ist jedoch hermeneutisch ausschlaggebend. Hätten wir eine dem Neuen Testament oder einzelnen Autoren voraus liegende Jesus-Christus-Geschichte in „Reinform", also einen außerhalb des Neuen Testaments liegenden archimedischen Punkt, würde sich unsere Interpretationsarbeit schnell erledigen, sie würde sich dieser „Reinform" zuwenden.

Immer wieder wurde versucht, solche Grundkriterien zu formulieren – sei es ein historischer Jesus, die paulinische Rechtfertigungslehre, die kirchliche Auslegungstradition, der Kanon. Und immer wieder mussten solche Modelle, soweit sie eine letzte Lösung des Problems beanspruchten, scheitern. Unser Modell will weder einen Kanon im Kanon postulieren noch ein außerhalb liegendes „objektives" Kriterium benennen. Es geht vielmehr um die Gundrelation, die für alle Texte des Neuen Testaments Gültigkeit hat. Mit ihr ist die fundamentale Bedeutung der Jesus-Christus-Geschichte für die Rezeptions- und Produktionsprozesse, die zu diesen Texten führten, erfasst.

Kritik ist die Kunst der Unterscheidung. Sie begleitet unsere Interpretationsarbeit von Anfang an.[3] Sie ist nicht nur erforderlich, weil die Texte in historischer Perspektive zu würdigen sind, sondern auch deshalb, weil wir zu einer ethisch reflektierten Lektüre verpflichtet sind.[4] Sie ist bereits dem Neuen Testament inhärent. Jede Interpretation beinhaltet eine Revision, eine Neubewertung des Überkommenen. Das lässt sich für die Aufnahme synoptischer Traditionen, aber auch für die Briefliteratur zeigen. Fortschreibungs- und Ergänzungsprozesse enthalten immer eine kritische Funktion, weil sie etwas anderes sind als Wiederholen oder Duplizieren. Selbst in Abschreibetätigkeiten konnten interpretierende Momente eingehen (Glossen; vgl. Kapitel 2.1.2. Textkritik).

Unter dem Stichwort „Grenzfragen" soll unsere Exegese sich gezielt einer kritischen und selbstkritischen Reflexion stellen. Erst, wenn wir uns die Grenzen des Textes einerseits und unserer Interpretation andererseits bewusst machen, wird es uns gelingen, das Anliegen eines Textes in konkretem Bezug zur Sprache zu bringen.
Dazu können Fragen helfen:
Welche Reichweite hat ein Anliegen, ein Argument, das Thema eines Erzählstücks?
Lässt sich das durch Gegenfragen sichern, z.B.: Wovon spricht dieser Text nicht? Welche Folgerung würde ihm widersprechen?
Welche gegenwärtigen Fragestellungen oder Themen sehe ich durch den Text angesprochen, welche nicht?

Beispiel:
Die Aussagen des Johannesprologs (Joh 1, 1–18) kennen kein Warum. Es ist die Sprache des Mythos, die hier gesprochen wird. Also Sprache, die weit über das hinausgeht, „was der Fall ist", was vorhandene, ergriffene Wirklichkeit für uns ist – und die doch genau auf diese uns verfügbare Erfahrung abzielt. Dieser Mythos weist uns ein in ein bestimmtes – von Christus her bestimmtes – Verhältnis zu unserer Lebenswelt. Die Sprache, die hier zu uns spricht, beansprucht, weil sie mythische Sprache ist, zum Horizont unserer Erfahrung zu werden, zu dem Licht, in dem wir unsere Welt und unser Leben sehen. Jede Lektüre, die hier nach begründeten Erklärungen sucht, muss scheitern. Die einfachste Frage, die uns stutzen macht, entsteht

---

[3] Vgl. W.G. Jeanrond, Text und Interpretation, 136ff.
[4] Vgl. einführend die in den Literaturhinweisen am Ende des Kapitels genannten Titel von S. Alkier und D. Patte.

in V. 4f: Wenn alles durch das Wort entstanden ist, woher dann das Dunkel? Das Leben ist von Anfang an nicht in der Welt, sondern im Wort gewesen (1,4). Und gerade in dieser Nichtidentität, in dieser Bezogenheit, war es das Licht der Menschen. Johannes setzt die Polarität von Licht und Dunkel und mit ihr die Angewiesenheit der Menschen auf das Licht in seinem Text voraus. Er nimmt damit zahllose Warum-Fragen auf; weiter als bis an diese Stelle gelangen sie nicht. Es geht offenbar nicht um solche Fragen, sondern um die Alternativen des Menschseins in einer Geschichte, die von der Vorgängigkeit (Prävalenz) des Logos bestimmt wird. Ihr Subjekt ist Gott – nicht das Dunkel, nicht die Menschen.

Literatur:
S. Alkier, Ethik der Interpretation, in: M. Witte (Hrsg.), Der eine Gott und die Welt der Religionen. Beiträge zu einer Theologie der Religionen und zum interreligiösen Dialog, Würzburg 2003, 21-41
S. K. George, Ethics, Literature, and Theory. An Introductory Reader, Oxford [2]2005
W.G. Jeanrond, Text und Interpretation als Kategorien theologischen Denkens, HUTh 23, Tübingen 1986
E. Mouton, Reading a New Testament Document Ethically, Atlanta 2002
D. Patte, Ethics of Biblical Interpretation: A Reevaluation, Louisville 1995
E. Reinmuth, Neutestamentliche Historik - Probleme und Perspektiven, ThLZ.F 8, Leipzig 2003
H. Deuser, Kleine Einführung in die systematische Theologie, RUB 9731, Stuttgart 2005 (I/3: Autorität, Text, Offenbarung, 30-41)

8. Auf dem Weg zur Interpretation

Alle Fragen, die unsere Auslegungsarbeit leiten, sind eine Auswahl. Gleiches gilt für die Anwendung wissenschaftlicher Methoden, die der Erschließung und Interpretation des Neuen Testaments dienen. Es kommt darauf an, sie sinnvoll und zielgerichtet zu nutzen. Dabei ist zu beachten, dass ohne Interesse, ohne eigene Beteiligung und Auseinandersetzung keine Exegese möglich ist. Deshalb ist es sinnvoll, sich immer wieder zu fragen: was tue ich hier eigentlich? Warum stelle ich dem Text diese Frage, warum gehe ich diesen Schritt?

Textinterpretationen zu verantworten schließt ein, auch die Auswahl der verwendeten Methoden zu verantworten. Methoden sind nicht neutral. Sie verfolgen Interessen und Ziele. Alte und neue Methoden müssen kritisch reflektiert und im Blick auf ihre textbezogene Verwendung geprüft werden.

Wir reflektieren damit zugleich die Kontextualität unseres Verstehens. Alle Methoden, die wir anwenden, haben ihre Geschichte. Sie sind Kinder ihrer Entstehungszeit, und ihre Anwendung zeigt, dass unser Verstehen und Interpretieren immer unter den Bedingungen unserer Gegenwart erfolgt.

Viele von uns können sich an Hör- oder Leseerlebnisse erinnern, bei denen uns Texte beeindruckt haben, uns trafen, berührten, verwirrten, lachen ließen oder zum Widerspruch herausforderten. Manchmal gehen uns Texte nach, manchmal setzen wir uns lange mit ihnen in Gedanken auseinander. Jede Begegnung mit einem Text ist etwas Lebendiges, das mehr betrifft als unser Denkvermögen. Jede Begegnung mit einem Text kann uns zu eigener Kreativität veranlassen. Diese Chance – die Chance der Begegnung mit einem konkreten Text – soll auch im Prozess unserer Interpretationsarbeit ihren Platz haben.

Lassen Sie einen ausgewählten Text laut vorlesen, lesen Sie ihn selber noch einmal für sich und führen sie eine spontane Diskussion über seine Bedeutung. Formulieren Sie als Ergebnis Fragen, die in der Diskussion keine Antwort fanden. Reflektieren Sie gemeinsam gegen Ende des Proseminars (s. Kapitel 6.) diese Fragen erneut. Oft werden einige von diesen Fragen auch die letzten sein, die am Ende der exegetischen Arbeit stehen bleiben. Es sind jedoch, auch wenn sie klingen wie die ersten, nicht mehr dieselben.

Die exegetische Arbeit ist vom ersten Schritt an interpretierende Arbeit. Es gibt, wie wir gesehen haben (s.o.), keine nichtinterpretierende Lektüre; jede Auseinandersetzung mit einem Text interpretiert ihn auch – in einer jeweils konkreten Situation. Situationsunabhängige, kontextlose Interpretationen gibt es nicht. Es wäre ein Missverständnis, die Interpretation neutestamentlicher Texte von ihrer konkreten Kommunikation zu trennen und ein situationsabtraktes, scheinbar lediglich textbezogenes Auslegen zum Ideal zu erklären. Im Gegenteil. Jede neue Interpretation eines neutestamentlichen Textes erfordert, sich die neue Kommunikationssituation, in der wir den Text verstehen und interpretieren wollen, vor Augen führen. In der Situation des Proseminars ist es möglich, exemplarisch an konkrete berufspraktische Situationen zu denken.

Im Mittelpunkt unserer Arbeit steht der konkrete Text. Das gilt auch für die eigenen Fragen, die uns im Moment des Lesens bewegen können. Die Gefahr, zwischen ihnen und dem Text kurzschlüssige Verbindungen herzustellen, ist immer gegeben. Das heißt nicht, dass eigene Fragen nicht berechtigt wären – im Gegenteil. Es ist deshalb eine wichtige Aufgabe jeder Textinterpretation, zwischen ihnen und dem Text – den Fragen und Antworten, dem Beziehungsreichtum von Voraussetzungen, Denkschritten, Aussagen, eine reflektierte Beziehung zu entwerfen. Ohne eigene Fragen bliebe jeder Text uninteressant. Ohne die Fragen des Textes aber würde jede Lektüre langweilig. Genau genommen kennen diese Fragen – wie unsere eigenen – weder Anfang noch Ende.

Literatur:
M. Karmasin, R. Ribing, Die Gestaltung wissenschaftlicher Arbeiten, UTB 2774, Wien 2006
U.H.J. Körtner, Einführung in die theologische Hermeneutik, Darmstadt 2006

Glossar

Adscriptio	Adressatenangabe eines (antiken) Briefes
Alliteration	aufeinander folgende Worte beginnen mit gleichem Anlaut
Anakoluth	in grammatischer Hinsicht unabgeschlossener Satz; syntaktischer Bruch
Asyndeton	mit dem Vorhergehenden durch keine Konjunktion verbundener Satzteil
Autograph	Originalhandschrift des Autors
autosemantisch	unmittelbar Sinn tragend
Autor, impliziter	aus dem Text erschlossener Urheber seiner Kommunikationsabsicht
Autorfiktion	Rolle, die der Autor im Text im Interesse seiner Kommunikationsabsicht einnimmt
Chiasmus	Überkreuzstellung – Worte oder Satzteile werden reziprok einander gegenüber gestellt (z.B. ABBA).
Chrie	sprachliche Wiedergabe einer situativ veranlassten Rede oder Handlung im Leben einer bedeutenden Person, die in ihrer Bedeutung über die veranlassende Situation hinausreicht. In der Rhetorik sind strenge Regeln für die literarische Form von Chrien erstellt worden.
Diachronie	Im Gegensatz zur →Synchronie geht es um das Verstehen von Texten in ihrem historischen Gewordensein.

Dialogizität	der inszenierte Dialog, der durch die mit einem intertextuellen Bezug erzeugte Spannung zwischen einem →Prätext und seiner Verwendung in einem neuen → Kontext entsteht
Ellipse	Satzkonstruktion unter Auslassung eines hinzuzudenkenden syntaktischen Elementes
Enzyklopädie	Gesamtheit des Wissens, der Wert- und Glaubensvorstellungen einer Zeit bzw. einer Kultur
extratextuell	außerhalb des Makrotextes
Form, literarische	die Summe der strukturellen literarischen Eigenschaften eines Textes
Glosse	im Zuge der handschriftlichen Überlieferung des Textes in diesen eingetragene (meist kommentierende) Bemerkung
Hapax Legomenon	Wort, das nur an einer Stelle (einer Schrift bzw. des Neuen Testaments) verwendet wird.
Homoioteleuton	gleich lautendes Wortende
Hypertextualität	Form des intertextuellen Bezugs, bei der →Prätexte z.B. in ihrer Struktur nachgeahmt werden
Implikatur	Bedeutungsaspekt eines Textes, der von diesem zwar kommuniziert wird, den der Autor aber nur andeutet
Inclusio	Einschluss bzw. Einklammerung von Text(teil)en durch Ähnlichkeiten zwischen Anfang und Ende.
Interpolation	sekundäre Einfügung in einen Text
Interpretationsgemeinschaft	In der Auslegung von Texten verbundene Gruppe, die intersubjektiv einen gemeinsamen Verständnisrahmen ausbildet.
intertextuell	die Beziehungen zwischen Texten betreffend
intratextuell	innerhalb des Makrotextes

Kohärenz	Zusammenhalt eines Textes, der in seiner Rezeption realisiert wird.
Kohäsion	Zusammenhalt eines Textes, der durch seine Gestaltung gewährleistet wird.
Konjektur	Veränderung des (griechischen) Textes ohne Grundlage in der handschriftlichen Überlieferung
Kontext	der jeweils einen Text, einen Textabschnitt oder ein Wort umgebende Text. Wir unterscheiden zwischen intratextuellen Kontexten innerhalb von Makrotexten (auch Kotexte genannt) und extratextuellen Kontexten – kulturelle Kontexte also, die außerhalb einer Schrift liegen.
Leser (bzw. Rezipient), intendierter	Adressat der intendierten Rezeption eines Textes. Texte enthalten Indizien, aus denen sich Rückschlüsse auf die intendierten Leser ziehen lassen.
Litotes	Aussage, die durch Verneinung des Gegenteils erreicht wird („nicht wenige waren gekommen")
Makrotext	Gesamtheit des Textes, den eine Schrift bildet.
Metapher	sprachlicher Ausdruck, bei dem Worte aus verschiedenen Bereichen zu einem Bild verbunden werden, das metaphorisch („im übertragenen" Sinn) zu verstehen ist
Metatextualität	Form des intertextuellen Bezugs, bei der →Prätexte diskutiert, ausgelegt bzw. aktualisiert werden
Metonymie	Benennung durch stellvertretende Metapher, die meist einen sachlichen Bezug erkennen lässt (Mt spricht von der „Herrschaft Gottes" meist als der „Himmelsherrschaft").
Oxymoron	paradoxe Wortverbindung

Palintextualität	Form des intertextuellen Bezugs, bei der der →Prätext durch Zitat oder Anspielung präsentiert wird
Parallelismus membrorum	Sätze oder Satzteile werden analog konstruiert, um sich auf denselben Inhalt zu beziehen. Das kann synonym (übereinstimmend) oder antithetisch (gegensätzlich) geschehen.
Paränese	ethische Unterweisung
Parenthese	Einschaltung, Unterbrechung
Paronomasie	Spiel mit ähnlich klingenden oder verwandten Wörtern
Periode	kunstvoll gestalteter, längerer Satz
Präskript	Eingangsteil eines Briefes
Präsupposition	implizite Voraussetzungen einer Aussage
Prätext	Text, auf den intertextuell Bezug genommen wird
Proömium	Vorwort
Perikope	Jeder Text, der Gegenstand exegetischer Arbeitens ist, ist ein Ausschnitt. Deshalb ist der Begriff „Perikope" sinnvoll; er erinnert daran, dass mein Text einem Kontext entnommen ist, der berücksichtigt und mitbedacht werden muss (s. 3.2.).
Pragmatik	Adressatenorientierte Handlungsbezogenheit bzw. intendierte Verwendung eines Textes; seine Wirkabsicht
Quelle	vom Verfasser verwendeter älterer schriftlicher Text
Redaktor	der Verfasser in seiner Rolle als Bearbeiter von Texten, die er − als mündliche Traditionen oder schriftliche Quellen − seinem Text integriert; Diese Arbeit des Verfassers wird Redaktion genannt.

Referenz	Wirklichkeitsbezug eines Textes. Es geht um extratextuelle Sachverhalte, Ereignisse, Gegenstände, auf die ein Text sich explizit oder implizit bezieht.
Relecture	das erneute Lesen eines Textes. Texte können implizite Aufforderungen zum „Wiederlesen" enthalten; eine produktive Re-Lektüre kann zum Entstehen neuer Texte führen.
Rezeption	das Lesen oder Hören eines Textes, seine Wahrnehmung; Grundbedingung für die Sinnbildung anhand eines Textes
Rezeption, intendierte	Die beabsichtigte Wahrnehmung eines Textes. Sie lässt sich aus den Textmerkmalen erschließen.
Selektivität	unterschiedlicher Grad des intertextuellen Bezugs
Semantik	(Lehre von der) Bedeutung von Worten oder Texten
Sentenz	Sprichwort, in dem eine allgemeine Erfahrung in einem kurzen Satz zum Ausdruck gebracht wird
Superscriptio	Absenderangabe eines (antiken) Briefes
Synchronie	Im Gegensatz zur →Diachronie geht es um das Verstehen von Texten unter der Voraussetzung ihrer Gegenwärtigkeit. Ein synchroner Ansatz kann auch für historische Rezeptionen geltend gemacht werden, wenn gefragt wird, wie ein Text in einer bestimmten Situation unter Ausblendung seiner Entstehungsgeschichte verstanden wurde.
Thema	Gegenstand des Textes; wovon ein Text spricht und dabei voraussetzt, dass dieses Thema mit dem Text zum Gegenstand der Kommunikation wird.

Tradition	vom Verfasser verwendeter älterer mündlich überlieferter Text. Der Begriff wird häufig unspezifisch für jedwede ältere in einem Text verwendete Überlieferung benutzt.
(Diskurs)Universum	kulturell etabliertes Weltkonstrukt einer kommunizierenden Gruppe
Variante	eine Version der handschriftlichen Überlieferung eines Wortes

‹